P. Johann Grou

Die Kennzeichen der wahren Frömmigkeit

Nach der neuesten Ausgabe aus dem Französischen übersetzt

P. Johann Grou

Die Kennzeichen der wahren Frömmigkeit
Nach der neuesten Ausgabe aus dem Französischen übersetzt

ISBN/EAN: 9783743362826

Hergestellt in Europa, USA, Kanada, Australien, Japan

Cover: Foto ©Lupo / pixelio.de

Manufactured and distributed by brebook publishing software (www.brebook.com)

P. Johann Grou

Die Kennzeichen der wahren Frömmigkeit

Die Kennzeichen

der

wahren Frömmigkeit.

Von

P. Johann Grou,

aus der Gesellschaft Jesu.

***

Nach der neuesten Ausgabe aus dem Französischen
übersetzt.

Regensburg.

Druck und Verlag von Georg Joseph Manz.

1865.

So sehr die Frömmigkeit auch abge-
nommen hat, so gibt es doch noch viele
Andächtige; allein Wenige wissen recht,
was die Andacht eigentlich ist; fast Alle
folgen hierin ihren Vorurtheilen, ihrer
Einbildungskraft, ihrer natürlichen Eigen-
thümlichkeit, ihrer Eigenliebe. Daher kommen die unzähligen Mängel, denen die
Andächtigen beiderlei Geschlechts, jeden
Alters, jeden Standes und Berufes unterworfen sind, und die man mit Unrecht
der Andacht zuschreibt. Diese Mängel
sind nicht alle von der Art, daß sie dem
Heile schaden, aber sie schaden der Vollkommenheit und stellen der Heiligkeit ein
Hinderniß entgegen. Sie sind ferner für
die Weltlinge ein Anlaß zu Spott und
Lästerung; für die Schwachen ein Grund
des Aergernisses; für die gewöhnlichen

Christen ein Vorwand, um gleichgiltig
dahinleben zu können. Welche Gründe
für fromme Seelen, denen die Ehre Gottes, ihr eigenes Heil und das Heil des
Nächsten am Herzen liegt, die Andacht
dem Evangelium gemäß richtig aufzufassen
und vollkommen auszuüben!

Ich will ihnen hiezu in diesem Werk-
chen nach Kräften behilflich sein. Ich bitte
sie, alle Züge des Bildes, das ich zeichne,
mit einem aufmerksamen Auge zu betrachten, und dann einen Blick auf sich selber
zu werfen. Die Eigenliebe ist so blind,
der menschliche Wille so schwach, daß ich
kaum hoffen darf, man werde aus dieser
Vergleichung all den Vortheil ziehen, den
man sich mit Recht davon versprechen
sollte: man sieht sich entweder nicht als
das an, was man ist, oder eine lange
fast zur Natur gewordene Gewohnheit
benimmt Mehreren den Muth und selbst
die Lust, sich zu vervollkommnen; oder
man findet endlich das Vorbild zu vollkommen und versucht es in der Verzweiflung, es zu erreichen, nicht, ihm wenigstens nahe zu kommen.

Wie dem auch sein mag, ich werde mich für sehr glücklich schätzen, wenn auch nur Wenige einen Nutzen daraus schöpfen. Ich schreibe übrigens nicht bloß für die andächtigen Personen. Es schwanken viele Christen zwischen einem gewöhnlichen Leben und dem offenen Bekenntnisse der wahren Frömmigkeit. Dieses Schriftchen ist vielleicht das Mittel, dessen sich Gott bedienen will, um sie zur Entscheidung zu bringen, und sie unwiderruflich im Guten zu befestigen. Täglich kehren Sünder zu Gott zurück: sie wußten bisher nicht, was es heißt, ihm zu dienen; es wird ihnen sehr lieb sein, sich darüber in einem Buche belehren zu können, das zu lesen nur wenige Stunden erfordert werden. Endlich bedarf es die Jugend, welche anfängt, sich Gott hinzugeben, belehrt zu werden und Kenntniß von dem wahren Wege zu bekommen, der zu ihm führt. Da sie weder gegen Vorurtheile zu kämpfen, noch böse Gewohnheiten zu verbessern hat, so wird sie sich gern den Weg anzeigen lassen, um ihn von selber zu betreten und sich so vor allen Verkehrtheiten und Unvollkommenheiten einer übel verstandenen Andacht zu bewahren.

Besonders ihr empfehle ich das Lesen dieses Büchleins — diejenigen, welchen ihre Erziehung anvertraut ist, mögen es ihr in die Hände geben, wenn sie glauben, daß sie im Stande sei, es zu verstehen und Nutzen davon zu haben, also in dem Alter, wo der Verstand und das Herz hinreichend entwickelt sind. Ich halte es nicht für geeignet, es ihr früher zu lesen zu geben. Der erste Eindruck ist einer der entscheidendsten für den guten oder schlechten Erfolg eines geistlichen Buches: macht es nicht gleich Anfangs einen guten Eindruck, so wird man es später nicht leicht mehr zur Hand nehmen. Man thut daher besser, zu warten, bis dieser Eindruck ein guter und wahrer sein kann.

2.

Was ist die Andacht? Ein Jeder erklärt sie auf seine Weise. Für den Freigeist besteht die Andacht darin, daß man an Gott glaubt und einige religiöse Grundsätze hat. Für einen Heiligen da-

gegen, daß man in Gott versunken und
verloren sei. Zwischen diesen zwei Er=
klärungen liegen fast unzählige andere,
die mehr oder minder wichtig sind, je
nach dem sie sich der einen nähern und
von der andern entfernen.

Um sie richtig zu erklären, halte ich
mich an das Wort selbst und an den
Begriff, den es ausdrückt. Das Wort
Andacht nun ist mit dem Worte Ergeben=
heit oder Ergebensein, gleichbedeutend.
Andächtig sein, ist also so viel als Gott
ergeben sein. Auf den Begriff nun, wel=
chen der Ausdruck Ergebenheit dem Geiste
darbietet, gründe ich Alles, was ich über
die Andacht zu sagen habe, indem ich
vorausbemerke, daß, wenn von Gott und
von unsern Pflichten gegen ihn die Rede
ist, die Ausdrücke im strengsten und wei=
testen Sinne genommen werden müssen.

Wir kennen nun aber keinen stärkern
Ausdruck als den: Ergebenheit, um
die innige Anhänglichkeit, die gänzliche
und freiwillige Abhängigkeit, den herzlichen
Eifer, kurz die völlige Bereitwilligkeit des
Herzens und des Geistes zu bezeichnen, sich

unbedingt dem Willen einer Person zu
unterwerfen, ihren Wünschen zuvorzukommen, ihre Sache zur seinigen zu machen,
Alles für sie aufzuopfern.. So sagt man
von einem Kinde, von einem Diener, von
einem Unterthan, sie seien ihrem Vater,
ihrem Herrn, ihrem Fürsten ergeben.
Man sagt auch, ein Mensch ist dem Ehrgeize oder einer andern Leidenschaft ergeben, wenn er nur daran denkt, sie zu
befriedigen; wenn er alle Mittel dazu
sucht; wenn er alle seine Absichten und
Unternehmungen darauf bezieht; wenn sie
ihn so sehr in Anspruch nimmt, daß er
sich kaum mit einem andern Gegenstande
beschäftigen kann.

In Bezug auf Gott begreift die Ergebenheit dies Alles im höchsten Grade
in sich; und sie fügt dem auch noch eine
Weihe hinzu, kraft welcher die geweihte
Person nicht mehr sich gehört, kein Recht
mehr auf sich selber hat, sondern durch
den heiligsten und unwiderruflichsten Act
dem höchsten Wesen gehört, dem sie sich
ergeben hat.

Das ist mein Begriff von der An-

dacht, der aus der Erklärung der strengen
Bedeutung des Wortes hervorgeht. Die
Ausübung der Ergebenheit hat, wie sich
von selbst versteht, ihren Anfang, ihren
Fortschritt und ihre Vollendung; der Act
der Ergebung muß aber im Willen, in
eben dem Augenblicke, wo er ihn voll-
bringt, völlig, gänzlich und vollkommen
sein. Man kann, ohne weiter zu gehen,
auf diese einfache Erklärung hin ersehen,
wie selten die Andacht unter den Christen
ist, und ob man selber andächtig sei.

3.

Die Ergebenheit, welche man Gott
schuldig ist, ist einzig in ihrer Art: sie
gründet sich auf Anrechte, die nur er
hat, und die er mit Niemand theilen
kann. Gott ist unser erster Anfang und
unser letztes Ende. Er hat uns erschaffen
und erhält uns in jedem Augenblicke.
Wir verdanken ihm alle Vorzüge des
Geistes und des Leibes, die wir besitzen:
dieser Himmel, diese Erde und alle Güter,
die wir genießen, sind das Werk seiner
Hände und Gaben seiner freigebigen

Wohlthätigkeit; er lenkt nach seinem Willen alle Ereignisse, und seine Vorsehung
hat in ihren Absichten und in ihren Anordnungen nur unser Wohl zum Zwecke.

Er hat uns erschaffen, damit wir ihn
kennen, ihn lieben, ihm dienen und dadurch verdienen sollen, ihn ewig besitzen
zu dürfen. Bei unserm ersten Ursprunge
waren wir mit allen Wohlthaten der
Natur und der Gnade ausgestattet; eine
dauernde Glückseligkeit war für uns an
die Beobachtung des gerechtesten und des
einfachsten Gebotes geknüpft. Nachdem
wir durch den Ungehorsam unserer ersten
Eltern diesen übernatürlichen Stand verloren hatten; verlieh ihn uns Gott
wieder durch ein erstaunliches Mittel seiner Liebe, indem er uns seinen eigenen
Sohn gab und an ihm unsere Sünden
bestrafte, um uns Gnade erweisen zu
können.

Zu der allgemeinen Wohlthat der Erlösung kommen die besondern Wohlthaten,
die Geburt im Schooße der wahren Religion und der katholischen Kirche, die
gute Erziehung, so viele Gnaden der Be-

wahrung, so viele vergebene Sünden, so
viele zärtliche Vorwürfe und geheime Ein=
ladungen, zu ihm zurückzukehren, endlich
so viele Zeichen einer besondern Vorliebe.

Gott ist unser höchstes Gut, und
eigentlich unser einziges Gut. Gleichwie
wir Alles von ihm empfangen haben, so
erwarten wir auch Alles von ihm, da
wir nur durch ihn glückselig sein können.
Er ist unser König, unser Gesetzgeber,
unser Vergelter, in seiner Hand allein
liegt unser Loos. Dazu füge man, was
er an sich selbst ist, die Ewigkeit und die
Unendlichkeit seines Wesens und seiner
Vollkommenheiten. Ueber das Alles setze
man, was er für uns in der Person
Jesu Christi ist.

Nun halte man einen Augenblick inne:
man denke über ein jedes dieser Anrechte
nach, die ich einfach aufgezählt habe: man
erwäge ihre ganze Stärke; man schätze
ihren ganzen Werth; man beherzige, wie
gegründet sie sind, welche Gesinnungen
sie von uns verlangen, und welche Pflich=
ten sie uns auferlegen. Hat man sie
einzeln betrachtet, so fasse man sie zu=

sammen und begreife, wo möglich, den
unermeßlichen Umfang der Pflichten, die
daraus für uns hervorgehen. Man be-
messe das Fassungsvermögen seines Herzens; man sehe zu, ob es, wenn es sich
in Ehrfurcht, in Liebe, in Dankbarkeit,
in Unterwerfung erschöpfen würde, seiner
Schulden gegen Gott sich entledigen könnte.
Bedenken wir, ob unsere Ergebenheit, so
weit sie auch gehen mag, je so vielen
Anrechten angemessen sein wird.

4.

Jede andere Ergebenheit, so erlaubt
sie auch sein mag, kann mit dieser in
keinen Vergleich kommen: die Sache ist
einleuchtend. Aber ferner, jede Ergeben=
heit, die ihr entgegengesetzt wäre, die sie
im Mindesten beeinträchtigte, ja die ihr
nicht gänzlich untergeordnet wäre, wäre
eine Frevelthat, die Gott nothwendig ver=
dammen und bestrafen müßte. Die Hul=
digung, die Ehrfurcht, die Liebe, der Ge=
horsam, welche irgend einem Geschöpfe er=
wiesen werden, sind nur gerecht und von
Gott gebilligt, als er sie befiehlt und

dazu berechtigt, als sie in den Grenzen
bleiben, die er bezeichnet hat, sich auf
ihn beziehen und der Ausdruck der höch=
sten Huldigung, der unendlichen Ehr=
furcht, der unvergleichlichen Liebe, des
unbedingten Gehorsams sind, welche nur
ihm gebühren. Der wahre Christ kennt
nur eine einzige Ergebenheit, deren Aus=
dehnung und Anwendung jede andere nur
ist, nämlich diejenige, welche man Gott
schuldig ist. Er weiht nur ihm seinen
Geist, sein Herz, seinen Leib; er athmet,
er denkt, er handelt nur für ihn: Gott
ist der Anfang, der Beweggrund und das
Ziel aller Pflichten, die er gegen seinen
Nächsten erfüllt.

5.

Der erste und der große Zweck der
Andacht oder der Ergebenheit (denn ich
werde mich dieser zwei Ausdrücke unter=
schiedslos bedienen) ist also die Verherr=
lichung Gottes und die Erfüllung seines
Willens. Gott selbst konnte sich kein an=
deres Ziel in allen seinen Werken setzen,
und er gestattet dem Christen nicht, oder

vielmehr er verbietet ihm schlechterbings, ein anderes vor Augen zu haben. Wir sind nur im Dasein, um Gott zu verherrlichen, und wir verherrlichen ihn nur, wenn wir ihn lieben und ihm gehorchen. Diese Verherrlichung Gottes muß den ersten Platz in unsern Gedanken und in unsern Wünschen behaupten: sie muß die große Triebfeder unserer Handlungen sein. Jede andere Absicht, so gut, so heilig sie auch sein mag, kann in unserm Geiste nur den zweiten Platz einnehmen.

Dieses lehrt uns Jesus Christus in dem Gebete, das er uns gelehrt hat. Die ersten Bitten desselben beziehen sich nur auf Gott und auf seine Verherrlichung. „Vater unser, der du bist im Himmel, geheiligt werde dein Name;" alle vernunftbegabten Geschöpfe sollen dich loben, dich anbeten, wetteifernd deine Heiligkeit feiern; sie sollen dir nachstreben, sie sollen auch heilig werden, weil du heilig bist, und vollkommen, wie du vollkommen bist; und so sollst du in ihnen und durch sie geheiligt werden. „Dein Reich komme;" Alle sollen dich als ihren

einzigen Herrn erkennen, dich unumschränkt
über ihr Herz regieren lassen, so daß du
die höchste Herrschaft darin ausübest, auf
die du so eifersüchtig bist. „Dein Wille
geschehe auf Erden wie im Himmel." Die
Engel und die Seligen kennen kein anderes Gesetz als deinen Willen: er ist
die Quelle der Ordnung, des Friedens
und der Liebe, die unter ihnen herrschen,
und sie setzen ihre ganze Glückseligkeit in
seine Erfüllung. So soll es auch hienieden unter den Menschen sein; sie sollen von ihrer Freiheit nur Gebrauch machen, um sich nicht bloß deinen Befehlen,
sondern auch deinem Wohlgefallen und
den Fügungen deiner anbetungswürdigen
Vorsehung zu unterwerfen. Das sollen
die innigsten und die heißesten Wünsche
der wahren Andacht sein. Sind es die
unsrigen? Vereinigt sich das Herz mit
der Zunge, welche sie täglich ausspricht?
Bürgen unsere Absichten und unsere
Handlungen für die Aufrichtigkeit unseres
Gebetes?

6.

Der zweite Zweck des wahren An=
bächtigen ist seine eigene Heiligung. Er
hat ein wahrhaftiges Verlangen nach ihr,
nicht weil sie die Schönheit und die Voll=
kommenheit seiner Seele bildet, sondern
weil Gott sie ihm gebietet, weil sie ihm
wohlgefällig ist, und zu seiner Verherr=
lichung beiträgt. Nicht deßhalb, um sich
in den Tugenden zu gefallen, strebt er
nach ihrer Erwerbung, sondern um Gott
zu gefallen. Auch ist er nicht begierig,
zu wissen, ob er ihm gefalle, indem er
mit Geradheit und Einfalt handelt, ohne
sich Zeugniß von der Güte seiner Hand=
lungen zu geben zu suchen.

Deßgleichen vermeidet er nicht eben
deßhalb jede Sünde und jede Unvollkom=
menheit, weil sie die Seele verunreinigt
und entstellt, sondern weil sie eine Be=
leidigung Gottes, eine Unordnung ist,
welche die unendliche Heiligkeit und Rein=
heit seiner Blicke verletzt, ein Gegenstand,
der ihm verhaßt ist und seinen Zorn er=
regt, so daß er, während er hinsichtlich

Gottes wegen eines Fehlers, den er begangen hat, tief betrübt ist, zugleich auch über die Empfindung der Verachtung und Demüthigung erfreut ist, welche dieser Fehler in ihm erweckt.

Er strebt nach der Heiligkeit, nicht um sie sich anzueignen, und sie als sein Gut zu besitzen, sondern um Gott damit zu huldigen und ihm als der einzigen Quelle der Heiligkeit alle Ehre dafür zu erweisen.

Er will heilig sein, nicht auf seine Weise und nach seinen Begriffen, sondern nach den Absichten und den Gedanken Gottes. Er weiß, daß seine Heiligung weit mehr das Werk Gottes als sein Werk ist, daß er, weit entfernt, durch sich selbst daran arbeiten zu können, es vielmehr, wenn er zuerst die Hand daran legte, verderben würde, daß es Gott zu kommt, anzufangen, fortzusetzen und zu vollenden, daß er aber diesen großen Werkmeister frei wirken lassen muß, daß er ihm kein Hinderniß entgegen setzen darf, sondern ihn durch seine Beistimmung und Mitwirkung unterstützen muß.

Endlich strebt er nicht aus einer unlautern Erhebung des Gemüths oder aus einer eifersüchtigen Nacheiferung gewisser bevorzugter Seelen nach einer hohen Heiligkeit, sondern er wünscht nur das Maß der Heiligkeit zu erfüllen, wozu ihn Gott beruft, den Gnaden zu entsprechen, die er von ihm bekommt, und das getreulich zu verwalten, was ihm anvertraut ist, indem er eben so damit zufrieden ist, daß er nur ein Talent empfangen hat, wenn er es nur weise benützt, als wenn er zwei oder gar fünf bekommen hätte.

7.

Der dritte Zweck der Andacht, derjenige, an welchem uns am Meisten liegen muß, ist unsere Glückseligkeit. Sie ist mit unserer Hingebung an Gott unzertrennlich verbunden. Glückselig sein, heißt mit unserm höchsten Gute vereinigt sein, und die Hingebung beginnt hienieden diese Vereinigung, um sie in der Ewigkeit zu vollenden. Unsere Glückseligkeit ist ferner eine nothwendige Folge unserer Heiligung; denn es ist ein gewisser Grundsatz, daß derjenige, welcher die Seele besser zu machen strebt, eben dadurch sie glückseliger zu machen strebt. Die Vollkommenheit und die Glückseligkeit verhalten sich zu einander wie die Ursache und die Wirkung. Es ist dieß selbst in Bezug auf Gott wahr, in welchem die Glückseligkeit nicht so fast eine Vollkommenheit als die Folge seiner unendlichen Vollkommenheit ist. Es ist also unbestreitbar, daß die Andacht, richtig aufgefaßt und richtig ausgeübt, die Quelle, und zwar die einzige Quelle der wahren Glückseligkeit ist, die der Mensch auf Erden genießen kann.

Doch diese vorübergehende Glückseligkeit ist nur ein Schatten, wenn man sie mit der ewigen Seligkeit vergleicht, welche Gott denen verheißt, die sich ihm weihen. Indem er seine Verherrlichung im Auge hat, vergißt er unser Wohl nicht, er will vielmehr, daß es ein Ausfluß dieser Verherrlichung sei, und daß wir in unserer Unterwerfung unter seinen Willen alle Vortheile des gegenwärtigen und des zukünftigen Lebens finden. Wenn die An-

dacht hienieden nicht immer diese Wirkung hat, so ist der Grund davon nicht
in ihr, sondern in denen zu suchen, welche
sie unrichtig verstehen und ausüben.

Es laufen daher auch in den unendlich richtigen und unendlich einfachen Begriffen des göttlichen Verstandes die beiden andern Zwecke auf den ersten hinaus
und verschmelzen mit ihm. Wo Gott die
Ehre sieht, welche er von uns erwartet,
da sieht er auch unsere Heiligkeit, da
sieht er auch unsere Glückseligkeit. Dieß
ist der Grund, wenn der wahrhaft Andächtige seine Heiligung nur als ein
Mittel, Gott zu verherrlichen, und seine
Glückseligkeit nur als in der Ehre Gottes, von welcher sie die Folge ist, enthalten ansieht. Diese Ehre ist also sein
Hauptzweck und das große Ziel seiner
Handlungen, da er versichert ist, daß er,
ohne selbst insbesondere daran zu denken,
in dem Maße, als er Gott verherrlicht,
heilig und glückselig werden wird. Er
schließt die beiden andern Zwecke nicht
aus, Gott bewahre, er denkt vielmehr
oft daran; allein der erste steht obenan

und bedeckt, so zu sagen, die beiden andern.

Bei dem gewöhnlichen Andächtigen ist dieß nicht der Fall. Der Zweck, welchem er den Vorzug gibt und seine größte Aufmerksamkeit zuwendet, ist sein Heil. Nur dieses Ziel hat er im Auge; er thut, was er für geeignet hält, um es zu erreichen; er vermeidet, was ihn nach seiner Meinung davon ablenken könnte: dieß ist das Maß seiner Heiligkeit: weiter geht er nicht leicht. Was die Ehre Gottes betrifft, so handelt er selten geradezu für sie, obwohl er sich nichts erlauben will, was ihr widerstrebt. Er verkehrt also durch die Liebe zu seinem Wohle, das er vor Allem im Auge hat, die Ordnung, welche nach dem Willen Gottes unter diesen drei Zwecken bestehen soll. Daher rühren alle Mängel seiner Andacht.

8.

Doch kommen wir zur Erklärung der Eigenschaften, welche die Hingebung an Gott kennzeichnen. Jedermann weiß, daß

die Anbacht, wie man sie auch betrachten
mag, übernatürlich ist: übernatürlich in
ihrem Gegenstande, welcher Gott ist, wie
er nicht bloß durch die Vernunft, sondern
durch den Glauben erkannt wird, in ihren
Beweggründen, in ihren Mitteln, in ihrem
Zwecke; übernatürlich, insofern es dem
Menschen unmöglich ist, sie mit seinem
bloßen Verstande zu begreifen, sie mit
seinem bloßen Willen zu erwählen, sie
mit seinen bloßen Kräften auszuüben;
übernatürlich auch, insofern sie, statt die
verderbte Natur irgendwie zu unterstützen,
vielmehr gegen sie kämpft und sich bestrebt, sie zu verbessern.

Man kann also zur Anbacht nur
durch die Wirksamkeit der Gnade geleitet
werden, welche den Geist erleuchtet, den
Willen ermuntert, die Freiheit stärkt:
man kann in ihr nur durch den Beistand der Gnade verharren, Fortschritte
machen und seine Vollkommenheit erreichen.

Und da Gott, gewisse Gnaden ausgenommen, welche die Seele plötzlich
fesseln, die andern nur durch das Gebet
verleiht, so folgt daraus, daß das Erste,

wozu die Andacht antreibt, das Gebet
ist, oder vielmehr, daß sie selbst der Geist
der Gnade und des Gebetes ist, welchen
Gott über sein Volk auszugießen durch
einen Propheten verheißt. (Zach. 12, 10.)

Sie ist ein Geist des Gebetes, d. h.
eine gewöhnliche Neigung, ein gewöhnliches Streben der Seele, sich zu Gott
zu erheben und sich mit ihm zu vereinigen, indem sie seine höchste Majestät an-
betet, ihm für seine Wohlthaten dankt,
ihn um Vergebung der begangenen Fehler
bittet, ihn um den geistlichen Beistand
anfleht, den sie in ihrer Schwachheit nöthig hat; sie ist ein Geist der Gnade,
weil diese Neigung und dieses Streben
die Wirkung der Gnade sind.

Ich sage, eine gewöhnliche Neigung,
welche immer im innersten Willen vor-
handen ist, welche ihn immer auf Gott
gerichtet erhält und sich je nach der Gelegenheit und dem Bedürfnisse durch den
Mund oder das Herz ausdrücklich und
bestimmt äußert. Diese bestimmten Aeußerungen können nicht fortwähren, aber die
innere Neigung, welche sie erzeugt und

beseelt, kann und soll es. Und eben diese gewöhnliche Erhebung der Seele zu Gott meint Jesus Christus, wenn er sagt, man muß immer beten und darf nicht nachlassen (Luc. 18, 1.).

Wenn du diesen Geist des Gebetes hast, christliche Seele, dann hast du die wahre Andacht. Du hast sie aber noch nicht, wenn du nur aus Pflicht, aus Nothwendigkeit, und nicht aus Lust und innerstem Antriebe betest; wenn dir diese Uebung beschwerlich ist, wenn du eine Abneigung davor hast, wenn sie dir große Ueberwindung kostet; wenn du träge, lau, wissentlich zerstreut dabei bist und Langeweile fühlst; wenn du die Augenblicke zählst; wenn du so sehr als möglich zum Ende eilst; wenn du endlich Gott bezahlst, wie sich ein schlechter Schuldner seiner Schuld entledigt. Man kann auf diese Weise aus Gewohnheit, aus Uebung, aus menschlicher Rücksicht, weil es die Regel oder der Stand so erfordert, gar viel beten, ohne den Geist des Gebetes zu haben; und es ist dieß auch etwas sehr Gewöhnliches.

9

Allein dieser Geist des Gebetes ist offenbar ein innerer Geist, weil es ein Geist der Gnade ist, „der Geist, welcher für uns mit unaussprechlichen Seufzern bittet, der Geist des Sohnes, den Gott in unsere Herzen sendet, welcher ruft: Vater, Vater (Gal. 4, 6.);" d. h. welcher die kindliche Liebe in uns erzeugt, die gleichsam ein fortwährendes Rufen des Herzens zu Gott, unserm Vater, ist. Dieser göttliche Geist ist innerlicher als das Innigste in uns, und zeigt seine Wirksamkeit an den edelsten Fähigkeiten der Seele, an dem Verstande, dem Willen, der Freiheit. Die wahre Andacht ist also wesentlich innerlich: sie wohnt im Grunde der Seele, wo sie die guten Gedanken und die guten Empfindungen erzeugt. Von innen heraus verbreitet sie sich nach außen, und sie gibt allen äußern Werken der Frömmigkeit das Leben.

Was wäre auch eine bloß äußerliche Hingebung, welche nur Worte und leere Betheuerungen, oder höchstens Handlungen

hätte, die ihre Quelle nicht im Herzen
haben? Es wäre dieß nur ein Trugbild
von Hingebung, durch welche man die
Menschen täuschen könnte, die nur nach
dem Scheine urtheilen, keineswegs aber
Gott, der einzig und allein auf das Innerste des Herzens sieht. Erweist man
den Menschen nur nützliche Dienste, so
kümmern sie sich wenig um den guten
Willen des Dienstfertigen. Wozu bedarf
aber Gott unserer Huldigungen? Er hat
nur ein Wohlgefallen daran, insofern sie
für ihn verherrlichend sind, und dieß sind
sie nur, insofern sie aufrichtig sind und
von Herzen kommen.

Die Andacht ist auch insofern innerlich, als sie die Seele von den äußern
Gegenständen abzieht, die sie zerstreuen,
indem sie sie in sich selber zurückruft
und sie einzig auf Gott richtet, der sie
innerlich seine Gegenwart fühlen läßt.
Sie lehrt sie also die Sinne sammeln,
die Einbildungskraft ordnen, die eiteln
Gedanken fernehalten, die Aufregungen
stillen und die Unruhe der Wünsche be-
schwichtigen, alle ihre Kräften sammeln,

um sich mit dem Gegenstande vereinigt
zu erhalten, dem sie sich weiht. Durch
diese innere Vereinigung mit Gott heiligt
die Seele nicht bloß ihre mündlichen und
Herzens-Gebete, nicht bloß die Ausübung
ihrer Pflichten und der guten Werke, sondern auch selbst die thierischen Handlungen, z. B. das Essen, das Trinken,
das Schlafen und diejenigen, welche die
gleichgiltigsten zu sein scheinen, wie die
anständigen Unterhaltungen und Ergötzungen, die sie nach dem Rathe des Apostels auf die Ehre Gottes zu beziehen weiß.

Die Andacht gibt dem Christen die
Erfahrungskenntniß jenes Ausspruches Jesu
Christi: „Das Reich Gottes ist inwendig
in euch (Luc. 17, 4.);" ein Ausspruch,
dessen Sinn nie ein Anderer als der
wahre Andächtige begreifen wird. Gott
übt dieß Reich durch die Wirksamkeit seiner Gnade auf die Seele aus, welche
ihm geweiht ist, und macht sie auf seine
Stimme aufmerksam, durch welche er ihr
in jedem Augenblicke seinen Willen zu
erkennen gibt. Und da diese Stimme
unendlich sanft ist und in der Zerstreut-

heit, in dem Geräusche und der Verwirrung der Leidenschaften nicht gehört
werden kann, so bemüht sich die Seele,
welche einmal ihre Reize durch einen tie-
fen Eindruck gefühlt hat und kennt, wie
heilsam es für sie ist, wenn sie auf sie
achtet, sich in der Sammlung, in der
Ruhe, in einer gewissen innern Einsamkeit zu erhalten und äußerst aufmerksam
zu bleiben, um ja nichts von den Be-
lehrungen und Ermahnungen, welche ihr
Gott gibt, zu verlieren. So läßt sich
der seinem Herrn ergebene Diener, welcher immer bereit ist, seinen Willen zu
thun, durch keine fremden Sorgen zerstreuen, leiht das Ohr allen seinen Worten, bemüht sich, sie recht aufzufassen,
merkt auf seine Augen, seine Geberden
und die geringsten Zeichen seiner Absichten.

Diese Aufmerksamkeit muß ununter-
brochen sein, weil es auch die Wirksamkeit der Gnade auf die Seele ist. Sie
ist ein Faden, der sie leitet, diesen muß
sie immer in der Hand halten, sie darf
ihn keinen Augenblick fahren lassen, ohne

sich zu verirren. Daher fühlt man auch,
wenn man sich Gott ernstlich hingegeben
hat, daß seine innern Ermahnungen im=
mer fortwähren und sich sehr bemerklich
machen, bis man endlich die Gewohnheit
erworben hat, in Allem durch den Geist
der Gnade zu handeln. Ist dann dieser
Geist vertraut und gleichsam natürlich
geworden, so folgt man ihm fast ohne es
zu bemerken; sein Einfluß auf alle Hand=
lungen ist aber darum nur größer.

Wenn man einwirft, daß eine so
starke und so anhaltende Aufmerksamkeit
sehr beschwerlich sei, so antworte ich er=
stens, daß der wahre Andächtige nie einen
solchen Einwurf machen, ja daß er ihm
gar nie in den Sinn kommen wird.

Diese Antwort ist für einen Jeden
unwiderleglich, der weiß, was die Hin=
gebung an Gott ist. Ich antworte zwei=
tens, daß, wenn eine Beschwerlichkeit vor=
handen ist, die Liebe sie versüßt, und
daß die Gewohnheit dasjenige leicht macht,
was im Anfange sehr beschwerlich fiel.

10.

Es wäre jedoch eine große Täuschung, zu glauben, die Andacht könne nur innerlich sein, und unter dem Vorwande, Gott sehe nur auf das Innere, das mündliche Gebet und die übrigen äußern Kundgebungen zu unterlassen. Wir sind Menschen, und keine reinen Geister. Es ist billig, daß der Leib an den Huldigungen der Seele theilnehme, und daß unsere wichtigsten Organe zum Lobe Gottes angewendet werden. Deßhalb haben wir sie ja empfangen, und es ist dieß der beste Gebrauch, den wir davon machen können. Der ganze Mensch soll anbeten und beten.

Ferner, die Seele hat es selber nöthig, in ihrer Frömmigkeit durch dasjenige wach erhalten und unterstützt zu werden, was in die Sinne fällt. Die äußern Einrichtungen des Gottesdienstes, die Ordnung und die Erhabenheit der Ceremonien, die Harmonie und Abwechslung des Gesanges, der Anblick der Gemälde und der übrigen kostbaren Gegenstände sind also zur Unterhaltung der Andacht nothwendige Dinge. Die schickliche und demüthige Stellung des Leibes, die gebeugten Kniee, die gefalteten Hände, die bescheiden gesenkten, oder zum Himmel erhobenen Augen sind Ausdrücke der Ehrfurcht und der Aufmerksamkeit der betenden Seele; sie begleitet von selber und ohne Vorbedacht die Empfindungen dieser äußern Zeichen.

Dazu kommt die Erbauung, welche man dem Nächsten schuldig ist, der auf unsere Frömmigkeit nur aus dem, was sich äußerlich kund gibt, schließen kann. Da ferner die Religion das erste Band der Gesellschaft ist, so verlangt sie einen gemeinsamen, öffentlichen, folglich äußern Gottesdienst, wo die Menschen dieselben Wünsche und dieselben Gebete an Gott richten und sich gegenseitig ermuntern, sein Lob zu singen. Das geistliche Amt, das Gott selbst eingesetzt hat, ist ein offenbarer Beweis der Nothwendigkeit eines äußern Gottesdienstes.

Es gab nie einen wahren Andächtigen, wenn er auch in der Wüste lebte,

der nicht täglich bestimmte Zeiten zum
münblichen Gebete hatte. Schon der innere Geist treibt biejenigen bazu an,
welche am meisten der Betrachtung obliegen; unb wenn bei manchen vorübergehenden Gelegenheiten der Reiz zur
Sammlung so stark wäre, baß er nöthigte, diese Art zu beten, aufzugeben,
so müßte man sie in dem Augenblicke
wieder aufnehmen, wo man mehr Freiheit des Geistes hätte.

Man mag also zu Gott an ben Orten der Versammlung oder in seinem
Kämmerlein beten, so muß man dem
Herzensgebete so obliegen, daß man bas
münbliche Gebet nicht unterläßt. Jenes
würbe ohne bieses von keinem langen
Bestande sein, unb gewiß in einen ver-
messenen unb gefährlichen Müssiggang aus-
arten. So schwer es ist, auf die rechte
Weise münblich zu beten, wenn man bas
Herzensgebet nicht bamit vereinigt, aus
welchem der innere Geist geschöpft wirb,
eben so schwer behauptet sich die Seele
in der Betrachtung an sich, wenn sie
nicht von Zeit zu Zeit vom münblichen

Gebete Gebrauch macht. Ja es geschieht gewöhnlich in der Betrachtung, daß die im hohen Grad b.wegte Seele ihren Aufschwung und ihr Entzücken nicht zurückhalten kann und sie durch Worte, durch Blicke, durch Seufzer, durch Thränen, durch verschiedene unwillkürliche Bewegungen ausdrückt: es ist dieß eine Folge der Vereinigung der Seele und des Leibes und ihres gegenseitigen Aufeinanderwirkens.

11.

Wenn es ein Mißbrauch ist, das mündliche Gebet von der Andacht auszuschließen, so ist es auch einer, und dieser ist noch viel häufiger, das innere Gebet davon zu trennen. Bei dem ungebildeten und sinnlichen Volke kann dieß entschuldigt werden, das kaum von seinen Geisteskräften Gebrauch macht, und auch in der ersten Jugend, wo die so gar große Leichtfertigkeit der Einbildungskraft durch etwas Sinnliches gefesselt werden muß. Können aber die reifen und hinreichend erleuchteten Personen entschuldigt werden, wenn sie nur mit einem Buche in der

Hand beten, wenn sie meinen, sie seien müssig, wenn sie die Lippen nicht bewegen, und Gott höre sie nicht, wenn sie ihm nicht ihre Bitten vorsprechen, und zwar oft so laut, daß sie denjenigen beschwerlich fallen, welche neben ihnen beten? Wie viele fromme Frauen gehen nur mit einer Menge Bücher in die Kirche, worin ihre ganze Andacht enthalten ist? Sie nehmen diese Bücher eines nach dem andern, suchen darin Methoden zur Anhörung der Messe, zum Beichten, zum Communiciren. Die Acte und die Formeln sind darin vollständig ausgedrückt; man darf sie nur aussprechen; und wenn sie nur nichts übersehen, so meinen sie, ihren Zweck würdig erfüllt zu haben, und Gott verlange weiter nichts von ihnen. Gleichwohl würde der kleinste Act, der aus dem Herzen käme, die geringste Erhebung dieses Herzens aus innerster Empfindung Gott mehr gefallen und wäre für sie heilsamer. Allein ihr Herz ist kalt, trocken und leer; es sagt nichts unter dieser Fluth von Worten, welche der Mund ausspricht.

Vergebens sagen sie, daß die Gebete,
welche sie lesen, sie rühren und ihre Andacht nähren. Ich kann dieß von jenen
methodischen und wohlgeordneten Acten
gar nicht leicht glauben, worin Gefühle
in schöner Sprache ausgedrückt sind,
welche denen, die sie hersagen, und vielleicht auch jenem, der sie verfaßt hat,
fremd sind. Doch mögen sie auch das
erste Mal wegen der Neuheit der Sache,
und weil ihre Einbildungskraft weit mehr
beschäftigt wird als ihr Herz, gerührt
werden. Nach einer gewissen Zeit wird
man der Formeln müde, welche immer
wiederkehren, sie machen keinen Eindruck
mehr, sie langweilen; man spricht sie
nur mehr mechanisch und aus dem Ge-
dächtnisse nach; man muß zu andern
seine Zuflucht nehmen, deren man gleich-
falls überdrüßig wird. Bald sind alle
Methoden erschöpft, und man weiß nicht
mehr, was man ergreifen soll.

Warum gewöhnt sich nicht frühzeitig an,
sich zu sammeln, wie David (Pf. 18, 15.),
in seinem Herzen das Gebet zu suchen,
welches man an Gott richten will, sich

selbst über unsere Kälte und Unempfindlichkeit zu beklagen, Gott zu beschwören,
er möge unserer geistlichen Armuth ab-
helfen? Wie, es sollte kein gutes Gebet
sein, wenn man demüthig vor ihm seine
Unmacht anerkennt, durch tiefe Seufzer
die Gnade auf sein Elend herabruft und,
wenn man manchmal gute Empfindungen
hat, sie mit Dank dem Urheber alles
Guten zuschreibt?

Wenn die Quelle der Andacht im
Herzen ist, so ist sie unerschöpflich; die
Empfindungen, welche daraus entstehen,
sind immer mannigfaltig, und man findet
immer einen neuen Reiz darin. Es sind,
um sie auszudrücken, keine studirten Reden nöthig, die einfachsten, natürlichsten
und lebhaftesten Ausdrücke bieten sich von
selbst dar. Ja das Schweigen eines ge-
rührten und ergriffenen Herzens ist be-
redter als die Worte; und es ist in tausend Fällen das Beste, zu schweigen, um
Gott Alles, was man empfindet, recht
zu erkennen zu geben.

Ist es nicht offenbar, daß diese vollständig ausgeführten Formeln die Träg-

heit begünstigen und der Mühe überheben, sich zum Gebete vorzubereiten, wie es der Weise empfiehlt (Eccli. 18, 23.)? Man braucht bloß sein Buch aufzuschlagen und zu lesen; eine andere Vorbereitung ist nicht nöthig.

Solchen Personen darf man von der Betrachtung nichts sagen. Sie können nicht betrachten, sagen sie; ihr Geist ist nicht der geringsten Anstrengung fähig. Ich gebe es zu, daß die Betrachtung für einen Jeden anstrengend ist, der nicht gewohnt ist, nachzudenken; daß eine lebhafte Einbildungskraft nicht dazu geeignet ist, und daß wenige Köpfe fähig sind, ihr lange obzuliegen. Man schlage ihnen vor, die Betrachtungen aufzugeben, wenn sie vor Gott stehen, und sich sogleich den Empfindungen zu überlassen; sie antworten, ihr Wille sei nicht leicht zu bewegen; wenn sie eine gute Regung hätten, so verschwinde sie sogleich wieder, und eben deßhalb bedienten sie sich der Bücher.

Wenn man ihnen sagt, sie sollten einfach ruhig bleiben und durch lebhafte und kurze Acte, die von Zeit zu Zeit

wieberholt werben, ben Thau des Himmels ftille herabrufen, fo verwerfen fie
biefe müffige Ruhe geradezu und geben
ihre Abneigung vor biefer Art, zu beten,
zu erkennen, welche gleichwohl bie Ge-
betsweife der innerlichen Seelen ift. Sie
find aber auch nicht innerlich und fürchten fich, es zu werben. Dennoch halten
fie fich für anbächtig, weil fie viel und
lange zu Gott fprechen, wie fie zu ihres
Gleichen fprechen würden, und ftatt fich
das Herz zu erwärmen, fich bie Bruft
austrocknen.

Sie mögen fagen, was fie wollen:
bie Eigenliebe leitet ihre Gebete; fie verrichten fie mehr für fich als für Gott.
Ihr Zweck ift, fich das Zeugniß zu geben,
baß fie gebetet haben, und fie meinen
einen hanbgreiflichen Beweis babon zu
haben, wenn fie fo viele Formeln herge-
fagt haben, baß fie ben Athem verloren.
Aus bemfelben Grunbe fprechen Mehrere
laut, bamit ihnen das Gehör als Zeuge
biene. Der heilige Augustin, welcher gewiß ein wahrer Anbächtiger war, bachte
nicht fo, er, ber, als er gefragt wurbe,

welches die beste Art, zu beten, sei, ant-
wortete: „Wenn man betet, ohne es zu
bemerken.“

12.

Ein anderer Mißbrauch der äußern
Andacht ist dieser, daß die Uebungen so
vervielfältigt werden, daß kaum der Zeitraum eines Tages dazu hinreicht. Man
behält die alten bei, und fügt täglich
neue hinzu. Dieß beschwert den Geist
und benimmt ihm seine Freiheit: dieß
beeinträchtigt oft die Pflichten des Standes: man unterläßt das Handeln, um zu
beten; oder wenn man handelnd betet,
so wird die Aufmerksamkeit getheilt, und
man thut weder das Eine noch das Andere gut. Es ist allerdings gut, mit
seinen Beschäftigungen hie und da ein
Stoßgebet zu vermischen, und manchmal
seine Arbeit auszusetzen, um sich in der
Gegenwart Gottes zu erneuern. Allein
diese Gebete müssen kurz sein und mehr
mit dem Herzen als mit dem Munde
geschehen.

Die Personen, welche ich hier im

2**

Auge habe, setzen ihre Andacht darein,
lange in der Kirche zu bleiben, in die
Predigten und Schlußandachten zu laufen,
keinen Ablaß zu versäumen. Sie haben
einen Kalender, worin alle Feste bemerkt
sind, welche in den Klöstern und in den
Gemeinschaften gefeiert werden, und sie
würden sich ein Gewissen daraus machen,
nicht daran Theil zu nehmen. Sie tre=
ten in alle Bruderschaften, in alle Ge=
sellschaften; dadurch werden sie mit so
vielen Uebungen und Gebeten überladen,
daß sie ihnen nicht gewachsen sind, so
daß am Ende ein Beichtvater ihnen Er=
leichterung verschaffen muß, wenn sie an=
ders nicht so sehr darauf versessen sind,
daß sie keine einzige aufgeben wollen.

Die Absicht ist gut, eine jede von
diesen Uebungen für sich ist gut; allein
man muß Maß in allen Dingen halten,
und in den frommen Uebungen mehr als
anderswo. Nicht der Geist, nicht das
Herz, sondern die Einbildungskraft wird
durch so viele gehäufte Uebungen beschäf=
tigt; und man weiß, wie lebhaft, heiß
und unersättlich sie ist, besonders bei dem

anbächtigen Geschlechte. Wenn auch der
innere Geist sonst nichts Gutes wirkte,
als daß er in dieses Uebermaß eine Ordnung bringt, und zu einer geregelten, ge-
mäßigten, vernünftigen Andacht ermuntert,
so wäre schon dieß hinreichend, um die
frommen Seelen zu bewegen, sich ihm zu
weihen.

13.

Die wahre Andacht gestattet keinen
Vorbehalt. Sie besteht darin, daß man
sich ganz der Gnade überläßt, und entschlossen ist, so weit zu gehen, als sie
uns führt. Sich der Gnade überlassen,
heißt, alle Hindernisse entfernen, sofern
man sie kennt, welche ihre Wirksamkeit
hemmen; heißt, ihr Schritt für Schritt
mit einer gewissenhaften Treue folgen,
und ihr weder zuvorkommen, noch sich
einem unbedachtsamen Andachtseifer überlassen. Diesem Fehler ist man im ersten
Entzücken der erwachenden Liebe unterworfen. Mehrere Heilige haben ihn sich
vorgeworfen, und insbesondere der heilige
Bernhard, welcher durch eine übertriebene

Abstinenz frühzeitig seinen Magen ruinirte. Es findet dabei auch eine Versuchung des Teufels statt, der beim Betreten der Laufbahn unsere Kräfte zu erschöpfen sucht, um uns zu verhindern, darauf bis zum Ende fortzufahren, oder um uns gar zur Umkehr zu bewegen. Man wird der Gefahr nicht ausgesetzt sein, einer solchen Versuchung zu unterliegen, wenn man hinsichtlich der Fasten, der Wachen und besonders der Kasteiungen einen weisen Leiter zu Rathe zieht und sich an seine Rathschläge hält.

Dagegen aber ist es auch einleuchtend, daß man, wenn man mit Gott einen Vertrag schließen, wenn man sich nur bis zu einem gewissen Punkte Gewalt anthun, wenn man das Ziel seines geistlichen Laufes bestimmen und durchaus nicht weiter gehen will, sich Gott nicht weiht, sondern sich ihm mit Maß und Einschränkung hingibt. Daß unsere Hingebung an die Menschen immer bedingungsweise stattfindet, dieß ist nothwendig, weil dabei wenigstens die Rechte Gottes ausgenommen werden müssen. Da aber

Gott unendlich über Alles erhaben ist,
was Dasein hat, und nichts die Ausübung seiner Herrschaft über das Geschöpf beschränken kann, so kann auch
bei seinem Dienste keine Bedingung stattfinden, und ein Jeder, der sich ihm weiht,
muß dieß ohne Ausnahme und Vorbehalt
thun. Denn ihm sich weihen, heißt, sich
verpflichten, kein anderes Gesetz mehr anzuerkennen als seinen höchsten Willen,
und diesen zu vollziehen, so schwer es der
Natur auch fallen mag.

Und hier darf man weder seine
Schwachheit anführen noch sagen: Wie
könnte ich dieß oder jenes thun, wenn es
auch die Gnade von mir verlangte. Der
Wille Gottes macht Alles möglich, was
er gebietet, weil er mit dem Gebote immer auch die Mittel verbindet, um es
ausüben zu können. Gott wäre unge-
recht, wenn er, sobald er zu erkennen
gibt, daß er Etwas von uns wünscht,
uns nicht auch den hinreichenden Beistand
leistete, weil wir ja durch uns selber
nichts vermögen. Wir lesen gewisse
heroische Züge im Leben der Heiligen;

während wir sie aber bewundern, geben wir
die Hoffnung auf, sie nachahmen zu können.
Weiß man denn aber, ob Gott eben dasselbe
auch von uns verlangt? Und wenn er es
auch verlangt, warum sollte man denn nicht
auch mit seiner Gnade können, was dieser
und jene gekonnt haben? Man erschrecke also
nicht: was heute als durchaus unmöglich
erscheint, zeigt sich, wenn der Augenblick
dazu gekommen ist, wenn auch nicht als
leicht, doch als sehr möglich.

Es ist nicht immer der böse Wille
der Grund, daß man geheime Vorbehalte
macht, wenn man sich zur Andacht ent-
schließt: wenn er es wäre, dann müßte
ich ohne Weiteres sagen, daß eine solche
Andacht falsch und betrüglich ist; daß
man dann gewiß nicht thun werde, wozu
man sich verpflichtet hat, indem uns Gott
keine Gnaden verleiht, um ihm nach unserer Weise zu dienen, und daß man
selbst sein Heil gefährde, so sehr man es
auch in Sicherheit zu bringen wünschen
mag. Die gewöhnliche Ursache dieser
Vorbehalte ist, daß man, indem man das
weite Feld der Heiligkeit vor sich geöffnet

ſieht und ſeine gegenwärtigen Kräfte mißt,
ſich für unfähig hält, es ganz durchlaufen
zu können. Man entſchließt ſich alſo, es
zu betreten, weil man einen guten Willen
hat, aber man richtet die Sache nach ſei=
ner gegenwärtigen Schwachheit ein, ohne
ſich auf ein Mehreres einzulaſſen.

Ein grober Irrthum, der theils von
der Unwiſſenheit, theils von der Eigen=
liebe, die nur ſich ſchonen will, theils
auch vom Teufel herrührt, der auf unſere
Fortſchritte eiferſüchtig iſt. Man ſollte
bedenken, daß unſere Kräfte keine andere
Quelle haben als die Gnade, daß ſie
mit unſerer Treue zunehmen, daß Gott
die Größe des Beiſtandes immer nach
der Größe der Schwierigkeiten einrichtet,
ſo daß man, je weiter man ſchreitet, ſich
deſto mehr angeeifert fühlt, muthig fort=
zuſchreiten, und die Ueberwindung der
Hinderniſſe deſto leichter findet. Was
würde man von einem Kinde ſagen, das
nicht bedächte, daß ſeine Stärke allmäh=
lig mit dem Alter zunimmt, nach ſeiner
gegenwärtigen Schwachheit die Laſt ein=
richtete, die es einſt als Mann tragen

soll, und nicht glauben wollte, daß es alsdann eine zwanzigmal schwerere zu tragen im Stande sein wird?

Wer du auch sein magst, der du dich Gott hingeben willst, übergib dich ihm mit einem vollen und ganzen Willen. Denke an keinen Vertrag: fürchte nur Eins, du möchtest nicht freigebig genug sein. Glaube, daß der geringste Vorbehalt selbst in demjenigen deine Kraft vermindern wird, was du gern vollbringen möchtest, und daß dir dagegen die Last um so leichter werden wird, wenn du nichts davon hinwegnimmst. Für den, der nicht bedenkt, daß Gott für eine edle und großmüthige Seele, welche nichts spart, um ihm zu gefallen, die ganze Macht seiner Gnade entfaltet, und daß ein enges und verschlossenes Herz ihn nöthigt, wider Willen auch zurückhaltend zu sein, kann dieß als ein Widerspruch erscheinen.

Ich will hier nicht ausführlich erklären, was es heißt, keinen Vorbehalt für Gott haben, und welche Vorbehalte, offene oder geheime, bei den meisten An-

dachten stattfinden: ich würde die engen
Grenzen dieses Werkes überschreiten.
Durch die Uebung werden die Seelen,
die eines guten Willens sind, hierüber
mehr lernen, als ich davon sagen könnte.

14.

Die wahre Andacht duldet keine Theil-
ang. „Du sollst den Herrn, deinen Gott,
anbeten, und nur ihm allein dienen
(Matth. 4, 10.)." Dieß ist das Gesetz
der Hingebung. Die Anbetung, welche
die Huldigung des Geistes und des Herzens begreift, schließt jeden Vorbehalt
aus; und der Dienst, welcher nur Gott
allein gebührt, schließt jede Theilung aus.
Jeder andere Dienst außer dem seinigen,
ist nur insofern erlaubt, als er aus ihm
folgt und von ihm abhängt. Jesus Christus hat erklärt, daß Niemand zwei
Herren dienen kann (Matth. 6, 24.),
nämlich Gott und der Welt, die einen
widersprechenden Willen haben, deren Gesetze einander widerstreben, und deren
Dienst sich folglich nicht vereinigen läßt.
Gott will mich ganz und gar haben,

und die Welt will mich auch ganz und gar haben. Es ist nicht möglich, ihre Ansprüche, die sich gegenseitig vernichten, zu vereinigen. Ich muß wählen und, wenn ich den einen Herrn liebe, den andern hassen, wenn ich dem einen gehorche, die Befehle des andern verachten.

Wie kann man sich hinsichtlich einer so einleuchtenden Wahrheit täuschen? Und dennoch gibt es eine Unzahl von Andächtigen, welche die Sache Gottes und die Sache der Welt miteinander vereinigen wollen, welche meinen, in demselben Herzen könne die Liebe Gottes und die Liebe der Welt sich vertragen, und welche, weil sie beiden gehören wollen, keinem gehören. Man könnte zu ihnen sagen, was der Prophet Elias zu den Israeliten sagte: „Warum hinket ihr auf zwei Seiten? Wenn der Herr Gott ist, so hanget ihm an; ist es aber Baal, so folget ihm (3. Kön. 8, 21.)."

Man glaubt, man halte nicht zur Welt, weil man dem Verbrecherischen und offenbar Gefährlichen, das in ihr ist, entsagt hat. Man dient der Wollust nicht mehr, welche der Hauptgötze der Welt ist; aber man ist noch der Sclave des Eigennutzes und des falschen Glückes. Man folgt in diesen zwei Punkten Grundsätzen, welche das Evangelium verwirft, indem man Reichthümer, Abel, Würden, Alles, was uns erhebt und auszeichnet, hoch schätzt, diese Dinge für sich oder die Seinigen liebt oder wünscht, Andere darum beneidet und Alles in's Werk setzt, um sie zu bewahren oder zu erwerben. Man stimmt in tausend Fällen den Urtheilen der Welt bei und richtet sein Verhalten nach ihnen ein. Man ist eifersüchtig auf ihre Achtung; man fürchtet, sie zu verlieren, wenn man sich zu offen für die Frömmigkeit erklärt, und man sucht sich auf Kosten der Tugend in ihr zu behaupten, welche Vorwürfe auch das Gewissen machen mag. Man fürchtet ihren Spott und ihren Tadel, und man beträgt sich so, um dagegen geschützt zu sein: der Dienst Gottes leidet darunter, man ist gehindert und wird mächtig von beiden Seiten angezogen; die menschliche Rücksicht knechtet und erhält beständig in

3 *

graufamen Aengſten. Man will Gott gehören unb ſchämt ſich, es offen zu bekennen; man betet verſtohlens zu ihm,
man verbirgt ſich ſo ſorgfältig, um ſeine
religiöſen Pflichten zu erfüllen, wie wenn
man damit etwas Böſes thäte. Welche
Knechtſchaft! welche Qual! Aber zugleich
auch welche Untreue, welche Feigheit,
welche Inconſequenz!

Heißt das Gott geweiht ſein? Ver-
bient er alſo, daß man ihm nur insge-
heime biene? Iſt es eine Schanbe, zu
bekennen, daß er unſer Herr ſei? Man
will ſich nicht zur Schau ausſtellen, ſagt
man; verſteht man barunter, mit ſeiner
Anbacht Aufſehen machen, ſtreben, daß
man von Jebermann geſehen unb gelobt
werde, wenn man irgenb etwas Gutes
thut, ſo hat man allerbings recht unb
hanbelt dem Evangelium gemäß (Matth.
6, 18.). Allein zwiſchen bieſer Art, ſich
zur Schau ausſtellen, unb zu zittern,
öffentlich für einen Diener Gottes, für
einen Eiferer für die Ehre unb die Sache
eines ſo großen unb ſo guten Herrn zu
gelten, gibt es eine Mitte, nämlich man

gehe eben seines Weges fort, ohne
darauf zu achten, ob man bemerkt wird,
man folge einfach seinem Gewissen, erweise Gott ohne Ziererei, aber ganz un-
verhohlen die Huldigung, welche er von
uns erwartet, zu seiner Verherrlichung
und zur Erbauung des Nächsten, und
thue nur das im Verborgenen, was man
nach seinem eigenen Willen den Blicken
Anderer entziehen soll (Matth. 6, 18.).
Der wahre Andächtige weiß diese
Mitte gar wohl zu beobachten. Jedermann darf es wissen, daß er, und zwar
mit seinem ganzen Herzen Gott dient,
und daß er die Welt nur verachten und
verabscheuen kann; er spricht sich hierüber überall unzweideutig aus, wo es
nothwendig ist, und wo er der menschlichen Rücksicht nichts nachgeben darf.
Ebenso sorgfältig aber entzieht er den
Augen Anderer gewisse fromme Uebungen,
gewisse gute Werke, bei denen er Gott
allein zum Zeugen haben will. Er vereinigt so diesen Ausspruch Jesu Christi:
„Es leuchte euer Licht vor den Menschen,
auf daß sie euere guten Werke sehen,

und eueren Vater preisen, der im Himmel ist (Matth. 5, 16.)," mit jenem:
„Wenn ihr betet, so sollet ihr nicht sein
wie die Heuchler, welche gern in den Sy-
nagogen und an den Straßenecken stehen
und beten, damit sie von den Menschen
gesehen werden; sondern gehe, wenn du
betest, in deine Kammer, und schließ die
Thür zu, und bete zu deinem Vater im
Verborgenen (Matth. 6, 5 f.)." Er
vergißt nie, was der Erlöser gesagt hat:
„Wer mich vor den Menschen bekennet,
den werde auch ich vor meinem Vater
bekennen; wer sich aber meiner vor den
Menschen schämt, dessen werde auch ich
mich vor meinem Vater schämen (Matth.
10, 22.)."

Uebrigens weiß ich wohl, daß es Zu-
rückhaltungen gibt, welche die Klugheit
gebietet; daß eine schwache Tugend sich
nicht so ohne Weiteres preisgeben und
der menschlichen Rücksicht zu offen trotzen
darf, wobei sie Gefahr laufen würde,
die auf sie gemachten Angriffe nicht aus-
halten zu können. Ich weiß, daß es
Fälle gibt, wo die Rücksichten, die man

einem Vater, einem Gatten, einem
Herrn schuldig ist, die nicht gerade
Freunde der Frömmigkeit sind, erheischen,
daß man behutsam verfahre und vor
ihnen sorgfältig verberge, was sie ver-
letzen und reizen könnte. So handelten
die ersten Christen in den häuslichen
Verfolgungen. Um des lieben Friedens
willen entdeckten sie sich ihren heidnischen
Eltern, Herren und Freunden nicht; der
Bruder vermied die Blicke seines Bruders, der ihn belauerte, das Weib die
Blicke ihres Mannes und der Gläubige
überhaupt die Blicke des Ungläubigen.
Auch jetzt gibt es noch immer Fälle genug, wo man dasselbe Verhalten beobachten muß. Es ist da ein weiser Beichtvater um Rath zu fragen, und sein Rath
zu beobachten.

Wenn man Niemand für seine Handlungen verantwortlich ist und höchstens
den unmächtigen Tadel der Weltlinge zu
befürchten hat, so muß man ihm geradezu
trotzen, mit erhobenem Haupte einher-
gehen und sich unzweideutig für das ausgeben, was man ist und sein will.

Nehmen die Anhänger der Welt Anstand,
sich zu erklären? Würde man selber Anstand nehmen, wenn man zu ihnen ge-
hörte? Das Kürzeste ist, wenn man mit
Herz und Sinn gänzlich mit ihr bricht,
auf eine der ihrigen ganz entgegengesetzte
Weise sieht, urtheilt, spricht und handelt,
und mit ihr nur so viel verkehrt, als
unumgänglich nothwendig und mit der
zartesten Frömmigkeit verträglich ist, und
übrigens ihren Verhältnissen, ihren Freuden, ihrer Achtung entsagt, sich über
ihre Reden hinwegsetzt, es gleich den
Aposteln (Act. 5, 41.) und allen wahren
Jüngern Jesu Christi gar nicht übel
nimmt, wenn sie uns lieblos behandelt,
uns tadelt, uns verachtet, uns verleumbet
und verfolgt.

Dieß verlangt die Hingebung an Gott
von uns, und ist sie eine aufrichtige, so
befähigt sie uns auch dazu. Thut man
es ohne alle Abweichung, so wird man
schon in diesem Leben reichlich dafür belohnt. Man befreit sich von vielen Fesseln; man ist äußerlich frei und innerlich voll Frieden; Gott hat sein Wohl-

gefallen an uns; das Gewissen wirft uns nichts vor; und die Welt selbst bewundert und billigt die Verachtung, die man gegen sie hat.

15.

Die wahre Andacht ist für jedes Alter und für jeden Stand; sie erstreckt sich auf alle Lagen und auf alle Handlungen des Lebens.

Sobald der Christ den ersten Gebrauch der Vernunft hat, muß er Gott die Gedanken seines Geistes und die erwachenden Neigungen seines Herzens weihen. Auf die Erstlinge ist Gott am Eifersüchtigsten; die Ordnung verlangt, daß die Hingebung der Kindheit die Frucht der ersten Entwicklung ihrer Seele sei. In diesem glücklichen Alter, wo Alles Offenheit und Unschuld ist, ist man, je freier der Geist von Vorurtheilen, das Herz von Leidenschaften, je reiner das Gewissen ist, auch für eine aufrichtige, innige, einfältige und herzliche Frömmigkeit empfänglicher. „Lasset die Kindlein zu mir kommen, sagte Jesus

Christus (Marc. 10, 14.);" sie wissen
noch nicht, was Bosheit ist; die Welt
hat sie noch nicht verführt, noch nicht
verderbt; sie sind noch ganz unbefleckt;
ihre zarte Seele ist für alle Anregungen
der Gnade empfänglich; das Himmelreich
ist so sehr für sie bestimmt, daß man in
einem vorgerücktern Alter, um in dasselbe eingehen zu können, der Kindheit
so ähnlich als möglich werden muß.

Junge Herzen, ergebet euch also Gott,
und folget seinen sanften Einladungen.
Ihr seid gefühlvoll für die Zärtlichkeiten
eines Vaters und einer Mutter; machet
euch auch der Liebkosungen des himmlischen Vaters würdig. Zu euch hat er
insbesondere gesagt: „Verkostet und sehet;
denn der Herr ist süß (Pf. 33, 9.)."
Lasset euch frühzeitig mit dem Weine seiner Liebe berauschen; und diese heilige
Trunkenheit bewahre euch vor dem süßen
Gifttranke, den euch die Welt einst darbieten wird.

Und ihr, christliche Eltern, ihr Er-
zieher der Jugend, ihr Leiter ihres Gewissens, beuget sie recht bald unter das

Joch des Herrn. Es ist gut, es schon
in den ersten Jahren zu tragen; die
Seele beugt sich darunter und bildet sich
ohne Mühe darnach; und sollte sie in
der Folge das Unglück haben, es abzu-
schütteln, so wird sie leichter zu ihm wieder zurückkehren können.

Je erleuchteter der Verstand wird,
desto weniger Entschuldigung hat man,
wenn man sich nicht Gott weiht. Die
Leidenschaften fangen allerdings an, sich
zu regen, und ihr stürmisches Geräusch
sucht die Stimme der Gnade zu ersticken.
Allein es ist leicht, ihnen Schweigen zu
gebieten, wenn sie erst im Erwachen sind,
oder wenigstens das Herz vor ihrer Ver-
führung zu bewahren: sie können sich
gegen die Uebungen der Andacht, gegen
das Lesen guter Bücher, gegen die guten
Ermahnungen und die guten Beispiele
und den häufigen Gebrauch der Sakramente nicht behaupten.

Das männliche Alter, wo die Vernunft in seiner vollen Kraft ist, wo das
Herz mehr Beständigkeit und der Charak-
ter mehr Festigkeit hat, wäre allerdings

dasjenige, wo die Gnade am erfolgreich-
sten auf die Seele wirken könnte, um sie
zu dem Entschlusse zu bewegen, sich der
Andacht zu widmen, wenn nicht die Sorgen des Lebens, die verzehrenden Beäng-
stigungen des Ehrgeizes, wenn nicht böse
Gewohnheiten, die man sich in der Jugend angeeignet hat, Hindernisse entgegen
setzten. Doch ein gerader Geist und ein
fester Wille vermag alle, wie sie auch
heißen mögen, zu überwinden. Und unter welcher giltigen Entschuldigung könnte
dann der Christ einer Hingebung sich entziehen wollen, deren Nothwendigkeit und
Vortheile er mehr als je fühlt? Wenn
er sich alsdann am Ernstlichsten mit seinem Glücke beschäftigt, ist es nicht billig,
daß er auch an seine ewige Wohnung im
Himmel denke. und alles Mögliche thue,
um sie zu erlangen?

Im Greisenalter, wo die erloschenen
Leidenschaften dem Geiste die volle Klar-
heit seiner Einsichten lassen, und die Ent-
schließungen des Willens nicht mehr durch-
kreuzen, wo die Erfahrung den falschen
und trugvollen Reiz der Welt kennen ge-

lernt hat, wo die Gegenstände nur mehr einen schwachen Eindruck auf die erstorbenen Sinne machen, wo die Krankheiten und die Hinfälligkeit anzeigen, daß das Ende des Lebens nahe ist, und daß man an den Pforten der Ewigkeit steht, ladet Alles ein, drängt Alles, Gott wenigstens die letzten Augenblicke des Lebens zu weihen und ihn durch eine wirkliche und beharrliche Frömmigkeit für so viele Jahre zu entschädigen, die man ihm entzogen hat, um den häßlichsten und vielleicht verbrecherischsten Gebrauch davon zu machen. Es ist keine Zeit mehr, zu zögern; der Tod kommt mit großen Schritten heran, und es wird zu spät sein, wenn uns die letzte Krankheit überrascht.

Die Leichtfertigkeit der Kindheit, das Feuer der Jugend, die öffentlichen und Privatgeschäfte des reifen Alters, die Kraftlosigkeit des Greisenalters können als keine Gründe, sich Gott nicht hinzugeben, als keine Entschuldigungen gelten. Es ist daraus nur zu schließen, daß jedes Alter Schwierigkeiten darbietet, die überwunden werden müssen, und daß es

zu allen Zeiten des Lebens, wenn man
Gott gehören will, nothwendig ist, sich
Gewalt anzuthun.

16.

Dasselbe ist von den Ständen zu
sagen. Ein jeder hat eine für die Andacht günstige und eine ungünstige Seite;
und keiner bietet einen giltigen Grund
dar, ihr nicht obzuliegen. Die hohe
Stellung hat ihre Gefahren für das Heil,
und man kann sich nur durch einen be-
sonderen Schutz Gottes vor ihnen bewahren: diesen Schutz darf man aber
nur erwarten, wenn man sich seinem
Dienste weiht. Die öffentlichen Aemter
haben große Pflichten zu erfüllen und
setzen großen Versuchungen aus. Wie ist
es möglich, ohne die Frömmigkeit diese
Pflichten zu erfüllen und diese Versuchungen zu überwinden? Die Sorgen und
die Beschäftigungen sind darin vielfältig
und gönnen kaum Zeit zum Athmen;
wenn aber das Herz Gott gehört, so
fühlt man sich mitten unter allen diesen
Ueberladungen frei, welche sich in eben

so viele Gelegenheiten verwandeln, um
ihm unseren Gehorsam und unsere Liebe
zu beweisen.

Wie Viele haben sich nicht schon im
Militärstande geheiligt, wo die Hindernisse so unüberwindlich zu sein scheinen?
Wie Viele in bürgerlichen Aemtern? Wie
Viele selbst in der Verwaltung der öffentlichen Gelder? Ich nehme gewisse Stände
aus, die an sich dem Heile hinderlich sind,
die vom Evangelium verworfen werden,
zu denen Niemand verpflichtet ist, und die
nur in einigen Staaten geduldet werden.
Außerdem aber behaupte ich kühn, daß
es keinen gibt, worin nicht Heilige gebildet worden sind, und noch immer gebildet werden. Sollte Gott, der Urheber
der Stände der Gesellschaft, auch nur
einen einzigen gegründet haben, worin es
moralisch unmöglich ist, selig zu werden?
Wenn es in manchen mehr Schwierigkeiten gibt, so bietet er auch mehr Hilfs-
mittel dar; und dieß haben alle diejenigen zu ihrem Heile erfahren, welche sich
seiner Leitung überließen.

Die Andacht umfaßt auch alle Lagen

und ist ebenso vortheilhaft, ebenso noth= wendig in der Gesundheit wie in der Krankheit, im Glück wie im Unglück, im Reichthum wie in der Armuth, in der Freude wie in der Traurigkeit, in den Gütern und in den Uebeln des gegen= wärtigen Lebens; in den Gütern, um ihren Mißbrauch zu verhindern, in den Uebeln, um sie ertragen zu helfen. Und da die Uebel hienieden unvergleichlich häu= figer sind als die Güter, und in vielen Fällen alle menschlichen Hilfsquellen nicht hinreichen, so folgt daraus, daß die Hin= gebung an Gott und die Unterwerfung unter seinen Willen der einzige wahre Trost ist, der dem Christen unter den Trübsalen und Kreuzen aller Art bleibt.

Endlich erstreckt sich die Andacht ihrer Natur nach auf alle Handlungen; es gibt keine einzige, die sie nicht heiligen soll. Sie wäre keine vollkommene Hingebung, wenn sie nicht Alles ohne Ausnahme un= ter die Herrschaft Gottes stellte. Dahin gehören nun aber alle unsere freien Hand= lungen, die man sonst menschliche nennt. Es ist die Absicht Gottes, daß sie alle

auf ihn bezogen werden, und daß man
sie zu seiner Ehre verrichte. Auch weiht
sie ihm der wahre Andächtige alle ohne
Ausnahme und heiligt sie durch diese
Weihung. Er weiß, daß überall, wo der
Mensch der Vernunft gemäß handeln soll,
der Christ der Religion gemäß handeln
muß; daß es nicht genug ist, im Stande
der Gnade zu handeln, sondern daß man
auch der Gnade gemäß handeln muß,
gleichwie es, um vernünftig zu handeln,
nicht genug ist, daß der Mensch den Gebrauch der Vernunft habe, wenn er nicht
auch Alles, was er thut, nach ihr einrichtet. Dieser Grundsatz, dessen Wahrheit unbestreitbar ist, bietet der Betracht=
ung einen gar reichen Stoff dar.

Man täuscht sich also, wenn man
sich für andächtig hält, weil man täglich
gleichsam aus Gewohnheit so und so viele
fromme Uebungen verrichtet, und übrigens in der Zerstreuung lebt, indem man
sich unbedenklich Gedanken, Wünsche und
Handlungen aller Art erlaubt, wenn sie
nur nicht verbrecherisch sind. Gott hätte
alsdann nur einige Augenblicke des Tages

3**

für sich, mit der übrigen Zeit würden
wir nach unserm Belieben schalten. Al=
lein dieß darf nicht der Fall sein: alle
unsere Augenblicke gehören ihm; er will,
daß sie auf eine seiner und unsers christ=
lichen Berufes würdige Weise angewendet
werden, und es steht uns durchaus nicht
frei, über sie nach unserm Belieben zu
verfügen, sie z. B. durch Besuche, durch
unnützes Geschwätz, durch Lesen zur bloßen
Ergötzung, oder in einem weichlichen
Müssiggange zu vergeuden. Die Pflich=
ten des Standes, die für die Natur noth=
wendigen Erholungen müssen die leeren
Stellen des Tages ausfüllen; nichts darf
das fortwährende Gebet des Herzens un=
terbrechen, welches uns Jesus Christus
und nach ihm der Apostel empfohlen hat.
Der Zweck der regelmässigen Gebete ist,
den Segen Gottes auf unsere Handlungen
herabzurufen, wo seine Gnade um so
nothwendiger ist, je mehr man dabei der
Gefahr ausgesetzt ist, sich zu zerstreuen,
auf eine ganz menschliche Weise zu han=
deln, und viele Fehler zu begehen, die
man oft nicht wahrnimmt.

17.

Die Liebe allein kann die Hingebung bewirken. Die Liebe gibt ihr den Anfang, die Ausdehnung und die Vollkommenheit; und hinwiederum erhält und stärkt die Ausübung der Hingebung die Liebe. Man kann die Andacht die werkthätige Liebe Gottes nennen. Was wäre eine Hingebung, bei der nicht die Liebe zu dem Gegenstande, dem man sich weiht, die Haupturfache wäre? Und ist man einem Geschöpfe nur ergeben, wenn man ihm seine Zuneigung schenkt, den lebhaftesten Antheil an ihm nimmt, mit Eifer alle Gelegenheiten sucht, um ihm Dienste zu erweisen und wohlgefällig zu sein, wenn man deßhalb seine Ruhe, seine Gesundheit, sein Vermögen, ja selbst sein Leben nicht schont, wie weit zärtlicher, lebhafter, heißer und großmüthiger müssen dann nicht die Empfindungen einer Gott geweihten Seele sein!

Wenn er uns gebietet, ihn von unserm ganzen Herzen, von unserm ganzen Gemüthe, aus allen unsern Kräften zu lieben, gebietet er uns damit nicht, ihm gänzlich geweiht zu sein? Die Andacht ist buchstäblich die Ausübung des großen Gebotes der Liebe Gottes; was in der Andacht fehlt, das fehlt in der Erfüllung dieses Gebotes; und man kann von der Andacht wie von der Liebe sagen, daß sie die Erfüllung des Gesetzes ist (Röm. 13, 10.).

Die vollkommene Andacht verbannt also ebenso die Furcht, wie die vollkommene Liebe. Die Andacht ist das Merkmal der Kinder, wie die Furcht das Merkmal der Knechte ist. Die Furcht sieht in Gott einen Herrn, einen Richter, einen Rächer, und dient ihm als einem solchen: die Andacht sieht in ihm einen Vater, den sie fürchtet, vor dem sie Ehrfurcht hat, dem sie gehorcht, weil sie ihn liebt. Die Furcht kann eine Seele zur Andacht geneigt machen, aber sie macht sie nicht andächtig: und so bald diese Seele wirklich andächtig ist, so herrscht nicht mehr die Furcht, sondern die Liebe in ihr. Die Liebe strebt nun aber überall, wo sie ist, allein zu herrschen, besonders aber die Furcht zu verbannen, die ihr ganz entgegengesetzt ist. Denn die Furcht hat ihre Quelle in der Eigenliebe, welche die Feindin der Liebe Gottes und die Geißel der Andacht ist.

Was soll man also von den Seelen denken, welche Gott aus Furcht, verloren zu gehen, dienen, auf welche nur die furchtbaren Wahrheiten der Religion Eindruck machen, und welche immer mit Schrecken erfüllt sind? Wem sind sie denn ergeben? Etwa Gott? Nein: sich selber und ihrem Eigennutz. Warum fürchten sie die Sünde? Etwa weil sie Gott beleidigt? Keineswegs, sondern weil Gott sie bestraft. Warum fürchten sie die Hölle? Etwa wegen des ewigen Verlustes Gottes? Durchaus nicht: die Pein der Sinne, die ewigen Flammen, das allein erschreckt sie.

Verwechseln wir jedoch hier nicht den Schrecken, welcher aus einer lebhaften und schwachen Einbildungskraft entspringt, und welchen das Herz mißbilligt, keinen Raum in sich gibt, mit der Furcht, welche aus niedrigen und knechtischen Gesinnungen

entſteht. Viele wahrhaft andächtige Perſonen ſind dieſem Irrthum unterworfen,
der ihre Qual bildet, und von dem ſie
ſich ſehr ſchwer losmachen können. Allein
er nimmt in dem Maße ab, als ſie in
der Andacht fortſchreiten, und verſchwin-
det endlich gänzlich. Nicht ſelten ſterben
ſie, nachdem ſie ihr ganzes Leben lang
mit Schrecken vor dem Gerichte Gottes
erfüllt waren, im Frieden, im Vertrauen
und in der Sicherheit.

18.

Aus demſelben Grunde iſt die wahre
Andacht keine lohnſüchtige und eigennützige.
Im Anfange, wenn Gott ihr die Süßigkeiten im reichſten Maße ertheilt, iſt ſie
dieſen allerdings in einem gewiſſen
Grade zugethan; ſie ſucht ſie, und es iſt
dieß einer von den Beweggründen ihrer
Treue. Allein bald erhebt ſie ſich über
dieſe Liebkoſungen; und hat ſie Gott davon entwöhnt, ſo dient ſie ihm eben ſo
eifrig und gewiſſenhaft. Die andächtige
Seele wird, wenn ſie die Laufbahn be-
tritt, ein Kind; Gott behandelt ſie als

Kind, und es wäre nicht gerecht, ihr
Miethlingsabsichten zuzuschreiben, weil die
Tröstungen alsdann für sie ein Reiz und
eine Lockspeise sind.

Was das Heil betrifft, so hat die
Seele, welchen Fortschritt sie auch in der
Andacht gemacht hat, immer ein Verlan=
gen danach und sie verwirft die Gleich=
giltigkeit in diesem wesentlichen Punkte
mit Abscheu; allein sie hat weniger in
Bezug auf sich, als in Bezug auf Gott
ein Verlangen danach. Sie will glück=
selig ˉsein; und sollte sie es nicht sein
wollen? Aber sie will noch weit mehr
die Ehre und das Wohlgefallen Gottes.
Sie dient ihm wie David wegen des
Lohnes (Pf. 118, 112.); allein dieß ist
nur ein untergeordneter Beweggrund; die
Liebe ist der erste und der hauptsächlichste.
Wer rein liebt, der sieht nur auf den
geliebten Gegenstand und zwar mit einem
nur auf ihn gerichteten Blicke, ohne auf
den eigenen Vortheil zurückzusehen. Er
schließt ihn nicht aus, und kann dieß
auch gar nicht, weil er ja seine Glück=
seligkeit in den Besitz dessen setzt, was

er liebt. Allein sein Zweck liegt in diesem Besitze nicht in sofern, als er ihn
glücklich macht, sondern in der Ehre, die
Gott daraus erwächst, und in der Erfüllung seines Willens.

Ich will mich nicht weiter über die
Zartheit der äußersten Reinheit der göttlichen Liebe aussprechen. Denkt man aber
aufmerksam über die Eigenschaften der
Hingebung an Gott nach, so wird man
begreifen, wie sehr sie von jeder eigennützigen Absicht frei sein muß. Ich weiß
nicht, bis zu welchem Grade sie es auf
Erden in gewissen bevorzugten Seelen ist:
nur diese Seelen selber können es sagen.
Gewiß ist, daß kein Blick auf den eigenen
Vortheil, keine Rücksicht auf sich selbst
am Orte der Seligen stattfindet, und
daß eben dieß ihre Glückseligkeit vollkommen macht. Es ist dieß eine für die
Eigenliebe unbegreifliche Wahrheit, eine
Wahrheit, welche sie untröstlich macht und
zur Verzweiflung bringt, weil sie sich keine
Vorstellung von einer Glückseligkeit machen
kann, woran sie keinen Antheil hat, und
von der sie gänzlich ausgeschlossen ist.

Jede Andacht, wenn sie eine wirkliche,
und die Liebe ihr Grund ist, strebt nach
dieser herrlichen Reinheit der Absichten
der Bewohner des Himmels; und wenn
sie dieselbe auch nicht erreichen kann, so
bemüht sie sich wenigstens, ihr nahe zu
kommen. Sehen wir, ob die unsrige von
dieser Art ist. Untersuchen wir unparteiisch ihre Beweggründe, und bestreben
wir uns, sie mit dem Beistand der Gnade
zu reinigen. Ersetzen wir die Furcht,
verloren zu gehen, durch die Furcht, Gott
zu verlieren, das eigennützige Verlangen,
selig zu werden, durch das Verlangen,
Gott zu besitzen und ewig mit ihm vereinigt zu sein. Im Grunde bleibt sich
die Sache gleich: der Gegenstand verän-
dert sich nicht; aber die Art und Weise,
ihn anzusehen, ist eine ganz andere, und
eben diese Verschiedenheit des Anschauens
und der Beweggründe gibt der Andacht
verschiedene Grade der Vortrefflichkeit und
der Vollkommenheit.

19.

Wie steht es nun nach dem eben Gesagten mit allen den Andachten, deren
Grundlage die Eigenliebe ist? Wie falsch
sind sie! wie trügerisch! und wie häufig
sind sie nicht gleichwohl! Ich rede nicht
von jener rohen Eigenliebe, welche die
Leidenschaften und die Laster erzeugt. Ich
rede von einer geistlichen Eigenliebe,
welche sich schlau in die Uebungen der
Frömmigkeit einschleicht, von einer Eigen=
liebe, welche auch ihre Hauptlaster hat,
welche stolz, geizig, neidisch, wollüstig,
habsüchtig, rachsüchtig und faul ist, welche
nicht minder blind ist, und deren Gefahr
um so größer ist, weil die Gegenstände,
auf die sie sich erstreckt, heilig sind.

Sind sie in der That selten die an=
dächtigen Personen, welche einen geheimen
Stolz nähren und gleich dem Pharisäer
im Evangelium voll Selbstüberschätzung
und voll Verachtung gegen den Nächsten
sind; welche sich die Gnaden und die
Gaben Gottes aneignen und nichts so
sehr fürchten, als sich derselben beraubt

zu sehen; welche die Seelen beneiden, die
sie für begnadigter oder für fortgeschrit-
tener halten; welche einen sinnlichen Genuß von den himmlischen Süßigkeiten
haben; welche nach ihnen begierig und
darin unersättlich sind; welche jähzornig,
voll Haß, Galle und Bitterkeit sind, und
das Alles, wie sie meinen, aus Eifer für
die Sache Gottes; welche endlich zur Nach-
lässigkeit, zur Weichlichkeit, zum Müssiggange, zu Allem geneigt sind, was der
Natur schmeichelt?

Ich gebe es zu, daß man in den
Anfängen und selbst im Fortgange des
geistlichen Lebens wegen unserer natürlichen Unvollkommenheit diesen Uebelstän-
den mehr oder minder unterworfen ist.
Die Eigenliebe, welche sich die zeitlichen
Güter entreißen sieht, wenn man sich der
Frömmigkeit widmet, wirft sich auf die
geistlichen Güter: sie ergreift sie, und
will sie an sich reißen, indem sie sich
um so stärker an sie anklammert, je
köstlicher sie sind. Allein der wahre Andächtige bemüht sich immer, gegen sie zu
kämpfen, sie von Stelle zu Stelle zu ver-

4*

folgen und sie aus allen Orten zu vertreiben, wohin sie sich flüchtet. Dieser
Krieg bildet seinen Hauptzweck, und er
hält sich für unglücklich, wenn er in seinen Angriffen gegen sie nur ein wenig
nachläßt und schwach wird. Gleichwie der
Geist der Religion den Menschen von
den zeitlichen Dingen losmacht, so macht
ihn der Geist der Andacht von den geistlichen Dingen los und gibt nicht zu, daß
er sich darin gefalle, sie sich zuschreibe,
sich ihr Eigenthum anmaße, und führt
ihn hinsichtlich dieser Gegenstände stufenweise zur Entsagung, zur Entblößung
und zur vollkommenen Armuth. Man hat
Alles, und man hält sich an nichts. Gott
nimmt und gibt wieder, wie und wann
es ihm beliebt, ohne daß die Seele dadurch betrübt wird, oder sich darüber freut.

Die entgegengesetzten Laster entdeckt
man Anfangs wegen ihrer Feinheit nicht;
wie man aber fortschreitet, so wird man
von dem göttlichen Lichte erleuchtet, das
sie uns kennen lehrt; und die ganze Treue
der andächtigen Seele besteht darin, sich
dieser Erleuchtung würdig zu machen,

sie mit Dank zu empfangen, sie zu ihrer Besserung zu benützen. Es ist dieß für sie allerdings mit langen und peinlichen Anstrengungen verbunden: sie hat einen großen Muth nöthig: sie muß sich die äußerste Gewalt anthun, wenn es ihr gelingen soll, diese feinen Laster gänzlich auszurotten; es ist dieß die Arbeit des ganzen Lebens. Allein endlich erreicht sie, wenn sie der Gnade entspricht, ihren Zweck, und sie befreit sich, so weit dieß möglich ist, von der Tyrannei der Eigen= liebe. Gott, welcher ihren guten Willen sieht, vollendet durch erbarmungsvolle Prüfungen, was sie nicht selbst voll= bringen kann.

20.

Die Andacht ist als Tochter der Liebe die Mutter des Vertrauens; denn je mehr man Gott liebt, desto mehr vertraut man ihm auch: das Eine ist die Richtschnur und das Maß des Andern. Die Liebe Gottes ist keine blinde Liebe, sondern eine auf das Vertrauen zu seiner unendlichen Güte gegen die Geschöpfe gegründete

Liebe. Und eben diese Kenntniß ermuntert uns, uns in allen unsern Angelegenheiten auf ihn zu verlassen, nie ein Mißtrauen in ihn zu setzen, ungeachtet seiner
scheinbaren Strenge zu glauben, daß er
uns liebt, daß er uns selig machen will,
und daß er uns wirklich selig machen
wird, wenn wir das Vertrauen bewahren.
„Wirf dich in seine Arme," sagte der
heilige Augustin; „er wird sich nicht zurückziehen, um dich fallen zu lassen." Ich
setze zu dieser Ermahnung des heiligen
Lehrers hinzu, daß, wenn es manchmal
scheint, er ziehe sich zurück, es nur geschieht, weil er uns prüfen und sehen
will, wie weit unser Vertrauen geht, damit er unsern Lohn vermehren könne.
Gleichwie es diese Tugend ist, welche ihn
am Meisten ehrt, so prüft er sie auch
am Meisten, und was die starken und
großmüthigen Seelen betrifft, so prüft er
sie auf das Alleräußerste.

Das Vertrauen hält die Mitte zwischen den zwei entgegengesetzten Lastern,
der Vermessenheit und dem Kleinmuthe,
welche beide dieselbe Quelle haben, näm-

lich die Eigenliebe. Man ist vermessen,
wenn man zu sehr auf sich selbst rechnet.
Man ist kleinmüthig, wenn man, weil
man sich nur auf sich stützt, fühlt, wie
schwach diese Stütze ist. Der Vermessene
spricht: Nichts wird mich je erschüttern.
Der Kleinmüthige dagegen spricht: Der
leiseste Hauch wird mich zu Boden werfen. Der Vertrauensvolle sagt, wenn er
nur sich selbst betrachtet, wie der Kleinmüthige: Ein Nichts kann mich stürzen;
sieht er aber auf Gott, so fügt er hinzu:
Nichts ist im Stande, mich zu erschüttern.
Er vereinigt also die zwei Sinnesweisen,
welche, während sie gesondert lasterhaft
sind, eine Tugend sind, wenn man sie
mit einander verbindet.

Nichts ist auf der Laufbahn der Andacht nothwendiger als das Vertrauen,
von nichts hat man mehr Gebrauch zu
machen als von ihr. Gott hat sein Wohlgefallen daran, den Glauben zu üben:
er zwingt uns, die Augen zu schließen
und blindlings fortzuschreiten; er führt
uns scheinbar vom Wege ab, so daß man
nicht mehr weiß, wo man ist, wohin man

geht. Er läßt uns den Boden verlieren,
er entzieht uns alle Kenntniß unseres
Innern, er versagt uns alles Nachdenken
über uns selber; und wenn wir eine
Gewißheit suchen wollen, so überläßt er
uns der beunruhigendsten Verwirrung.
Warum verfährt er so? Um uns zu
zwingen, unserer Selbstleitung zu ent=
sagen und uns gänzlich ihm zu überlassen.

Was würde aus dem Glauben, und
wozu diente er, wenn man den Zustand
seiner Seele immer klar sähe, wenn man
die Gründe dessen einsähe, was Gott von
einem Augenblicke zum andern in Bezug
auf uns will oder zuläßt, und wenn man
Schritt für Schritt dem Gange und dem
Fortschritte seiner Wirksamkeit folgen
könnte? Das Vertrauen des Blinden auf
denjenigen, der ihn führt, ist darauf ge=
gründet, daß er selbst nichts sieht; es ist
um so größer, wenn ihm der Weg, auf
dem man ihn führt, ganz unbekannt ist,
wenn er ihn für gefährlich und auf allen
Seiten von Abgründen umgeben hält, und
gleichwohl keine Unruhe zeigt, nichts mit
Gewißheit wissen will und fest überzeugt

ift, man werde ihn nicht irre leiten, son=
dern glücklich zu seinem Ziele führen.

Sobald man sich Gott geweiht hat,
muß das Vertrauen zu ihm grenzenlos
sein. Es unter was irgend für einem
Vorwande zurückziehen, heißt sich wieder
zurücknehmen, und sich selbst leiten wollen.
Es auf gewisse Grenzen beschränken, die
man nicht zu überschreiten gedenkt, heißt
seiner Hingebung eine Bedingung setzen.
Nichts ist nun aber für Gott beleidigen=
der und für unser geistliches Wohl nach=
theiliger. Heißt das nicht, an der Güte
Gottes oder an seiner Allmacht zweifeln,
glauben, er wolle oder könne eine Seele
nicht von allen schlimmen Schritten und
von den äußersten Gefahren zurückhalten,
denen sie sich wegen ihres Glaubens und
durch eine blinde Unterwerfung unter seine
Leitung aussetzt? Es ist schlechterdings
unmöglich, daß Gott diese Seele verlasse
und ihr nicht zur rechten Zeit beistehe:
er würde ja alsdann gegen sich selbst
handeln. Aber er hat eben einzig und
allein zu bestimmen, wie weit die Prüfung
gehen soll, und den Augenblick zu bezeich=

nen, wo er seinen Beistand leisten wird.
Sie überlasse sich ihm also gänzlich und
spreche wie Job: „Und wenn er mich
auch dem Tode preis gäbe, so würde ich
doch auf ihn hoffen."

21.

Die Andacht führt eben so sehr zur
Selbstkenntniß als zur Kenntniß Gottes;
und da die Selbstkenntniß die Frucht der
Kenntniß Gottes ist, so ist auch die Demuth die Frucht der Selbstkenntniß.

Der Mensch kennt sich nicht und kann
sich auch mit seinem natürlichen Verstande
allein nicht kennen; und eben weil er sich
nicht kennt, ist er stolz. Doch von dem
Augenblicke an, wo er sich Gott weiht,
bekommt er ein himmlisches Licht, das ihm
die Augen öffnet; er fängt an, sich als
das zu sehen, was er ist, voll Elend,
schwach, allem Guten widerstrebend, zu
allem Bösen geneigt. Da ihn die Sammlung aufmerksam auf sich selbst macht, so
lernt er bald einsehen, daß zwei Menschen
in ihm sind, von denen der eine der Feind
des andern ist; daß das geistliche Leben

nur eine Reihe von Kämpfen ist, die er
sich liefern, und von Gewaltsamkeiten, die
er sich anthun muß. Die Erfahrung unterrichtet ihn noch besser. Er lernt es
selber kennen, wie schwer es ihm fällt,
sich zu überwinden, gegen seine bösen
Neigungen zu kämpfen: wie viel Zeit
und Mühe die Besserung der kleinsten
Anzahl der Mängel erfordert, von denen
er wimmelt, wie schwer ihm die Ausübung der Tugend fällt, so lieb er sie
auch gewonnen haben mag: wie sehr er
der Gnade widerstrebt; wie vieler Nach-
läßigkeiten, Versäumnisse, Untreuen er sich
täglich schuldig macht; wie schwach sein
Wille ist, wie unzuverläßig seine Vorsätze,
wie fruchtlos seine guten Wünsche sind;
wie groß die Herrschaft der Welt, des
Teufels und des Fleisches auf ihn ist;
daß er ohne einen besondern und fortwährend Beistand Gottes in jedem
Augenblicke unterliegen würde.

Diese durch die Erfahrung gewonnene
Selbstkenntniß, verbunden mit den Erleuchtungen, die er von Oben bekommt,
flößt ihm die Demuth ein, welche nichts

Anderes ist als das Gefühl und die Ueberzeugung jenes unglücklichen Erbtheils von
Verderbtheit, den ein Jeder von uns mit
in die Welt bringt, den das Alter und
die Gelegenheiten vergrößern, und welcher
der Keim unserer Leidenschaften und unserer Laster ist. Je mehr er fortschreitet,
desto tiefer wird diese Ueberzeugung, desto
fester wurzelt die Demuth in seinem Herzen.

Daher kommt jene Selbstverachtung,
jenes heilsame Mißtrauen auf seine Kräfte,
jener aufrichtige Vorzug, den er Andern
vor sich gibt, indem er sie für besser hält,
als er ist, oder wenigstens daran zweifelt,
ob sie nicht, wenn sie dieselben Gnaden
empfangen hätten, sie besser angewendet
hätten. Daher kommt ferner die Be-
schämung, welche ihm die Achtung und
Rücksichten, welche man ihm bezeigt, die
Lobsprüche, welche man ihm ertheilt, verursachen. Statt ihn zu erheben, erniedrigt ihn das Alles in seinen Augen.
Wenn er über sich nachdenkt, so geschieht
es nur, um sich noch mehr zu demüthigen; seine Tugenden sieht er nicht, seinen
Fortschritt erkennt er nicht, seine Siege

schreibt er Gott, seine Fehltritte sich selber zu.

22.

Die wahre Andacht wandelt, so weit
dieß von ihr abhängt, auf dem einfachsten
und gewöhnlichsten Wege: sie schreitet auf
der betretenen Bahn fort und flieht die
Seitenpfade. Sie verabscheut alles Besondere und fürchtet, bemerkt und ausgezeichnet zu werden; sie verbirgt sich und
verliert sich gern in der Menge. Eine
Freundin der Tugenden und der Uebungen, welche am Wenigsten Aufsehen
machen, und darum Gott nur wohlgefälliger sind, zieht sie diese allen andern
vor. Sie ist das demüthige und schüch-
terne Veilchen, das sich nicht öffentlich zu
zeigen wagt, und sich unter dem Grase,
von dem es bedeckt wird, mit Füßen treten läßt. Mit Ausnahme dessen, was sie
dem Beispiele und der Erbauung des
Nächsten schuldig ist, sucht sie Alles, was
sie thut, sorgfältig der Kenntniß Anderer
zu entziehen.

Alles ist natürlich in ihr; nichts ist

erkünstelt, nichts gesucht. Statt ein Verlangen nach den außerordentlichen Gaben
zu haben, hält sie sich derselben für unwürdig, und bittet Gott beständig, nichts
für sie zu thun, was die Aufmerksamkeit
der Menschen erregt, und ihr das min-
deste Ansehen verschaffen könnte; sie beneidet die Heiligen nicht, welche sich durch
Wunder ausgezeichnet, Visionen, Offen-
barungen, die Gabe der Weissagung und
andere besondere Gnaden gehabt haben,
und von ihrem Jahrhunderte angestaunt
worden sind. Sie bewundert, sie verehrt
diejenigen, an welchen alle diese Gaben
geoffenbart worden sind; für sich aber
wählt sie die Verborgenheit, die Verachtung, die Schmach, nichts zu sein, durch
ihre Mängel bekannt, oder ganz unbekannt und vergessen zu sein.

Die guten Werke, welche Aufsehen in
der Welt machen, sind nicht nach ihrem
Geschmacke: sie zieht ihnen diejenigen vor,
welche nur Gott zum Zeugen haben. Sie
empfiehlt den Personen, welchen sie Gutes
gethan hat, Verschwiegenheit, und verbirgt ihnen sogar so viel als möglich die

Quelle ihrer Wohlthaten. Sie möchte sie
sich selber verbergen und wünscht, daß
ihre linke Hand nicht wissen soll, was
ihre rechte thut: sie denkt nicht mehr daran, und sie würde sich den kleinsten
Rückblick darauf, das geringste Wohlgefallen daran als ein Verbrechen vor-
werfen.

Die Andächtigen dieser Art sind so
selten, daß man glauben könnte, ich gebe
hier eine erdichtete Schilderung. Indeß
gibt es doch solche; und eben deßhalb,
weil sie sich durch nichts auszeichnen,
hält man sie für noch seltener, als sie
sind. Was die übrigen betrifft, so sieht
man bei den Meisten nur etwas Unge-
wöhnliches, Ziererei, Schaustellung. Sie
haben ihre besondere Miene, Haltung,
Art, sich zu kleiden, Sprache, Benehmen;
einige streben nach außerordentlichen
Betrachtungen, sie bemühen sich vergebens,
sich dazu zu erheben; ihre Einbildungskraft
verführt sie, der Teufel betrügt sie, der
Stolz bemächtigt sich ihrer. Sie wollen
Uebungen, Gebete, die nur für sie bestimmt sein sollen; es gefällt ihnen nicht,

ihre Stimme mit der des Volkes zu vereinigen, um das Lob Gottes zu singen.

Wie viele Andächtige haben in der
Kirche bestimmte Plätze, wo sie sitzen, um
gesehen zu werden, besondere Plätze, die
eben so sehr zur Auszeichnung als zur
Bequemlichkeit dienen! Man sehe nur,
wie sie beten, wie ihr Aeußeres vorbereitet, erkünstelt, erzwungen ist! Die An-
dachtsbücher, welche die gediegensten und
gebräuchlichsten sind, werden von ihnen
am Wenigsten benützt; sie suchen die my-
stischen Bücher, welche von den erhabensten Zuständen handeln; sie nähren ihre
Neugierde damit, in der Meinung, sie
hätten ein Verständniß davon, während
sie gar nicht im Stande sind, Etwas davon zu begreifen. Der ganze Nutzen, den
sie davon haben, besteht darin, daß sie
sich einige Ausdrücke merken, deren sie
sich gelegenheitlich bedienen, indem sie
sich für gar weit fortgeschrittene Seelen
ausgeben.

Wer sollte es glauben, daß ein so
feiner Stolz sich so in die Frömmigkeit
einschleichen könnte? wer sollte es glau-

ben, daß man sich nur Gott weiht, um
sich selbst zu suchen, daß man nach der
Heiligkeit nur strebt, um in den Geruch
der Heiligkeit zu kommen, und daß man
die ganze Frucht der Tugend darein setzt,
sich selber deßhalb Beifall zu zollen und
von Andern Beifall zu ernten?

Ich will nicht sagen, daß die Anbäch=
tigen von dieser Art alle Heuchler sind,
und daß diese Züge einem jeden von
ihnen völlig zukommen. Wohl aber sage
ich, daß sehr Wenige ihre Anbacht auf
die Demuth gründen; daß man sich ge=
gen den Stolz, das feinste von allen
Lastern, am Wenigsten verwahrt; daß
dieses Laster ohne Vergleich das gefähr=
lichste ist; daß es keinem mehr gelingt,
uns zu verblenden; daß es im Herzen
des Menschen am Tiefsten eingewurzelt,
der Kampf dagegen am Schwersten ist,
und daß zu seiner Ausrottung die längste
Zeit erfordert wird. Ich sage, daß die=
jenigen Personen, welche nach einer hohen
Frömmigkeit streben, sich mehr davor zu
fürchten haben, als andere, weil es sich
besonders an die Tugend anklammert,

4**

weil es eigentlich ihr Wurm ist, der an ihr nagt und sie verderbt, weil man sich nicht zu sehr davor hüten kann, und weil es, wenn man es von einem Orte vertreibt, sogleich wieder anderswo einbringt.

Will man wissen, welches der Prüfstein der wahren Andacht ist? Die Liebe zu den Demüthigungen ist es. Wer diese aufrichtig wünscht, wer sie zum Hauptzwecke seiner Gebete macht, wer sie ungeachtet des Widerstrebens der Natur mit einer innern Freude hinnimmt, wer Gott dafür dankt, wer sie als das kostbarste Gut betrachtet; wer nichts thut, um sich ihnen zu entziehen, wem es eben deßhalb lieb ist, daß man seine Fehler kenne, daß man ihm seine Mängel vorwerfe, daß man seine Tugenden herabsetze, daß man seinen guten Namen anschwärze, und wer sich gegen das Wohlgefallen Gottes kein einziges Wort zu seiner Rechtfertigung erlauben möchte, dieser ist der wahre Andächtige, der vollkommene Jünger Jesu Christi. Ich frage nun: Gibt es viele wahre Andächtige? Dürfen, können wir uns dazu zählen? Ein Jeder gebe sich selbst die Antwort und anerkenne, daß er noch eben so wenig in der Andacht Fort= schritte gemacht hat, als er sich noch von dieser Vollkommenheit entfernt fühlt.

23.

Die Andacht ist nicht minder eine Freundin der Abtödtung als der Demuth; ja eigentlich ist die Demuth der Haupt= zweig der Abtödtung, da es ihr Zweck ist, den Menschen dahin zu bringen, daß er der Selbstschätzung und der Liebe zu seiner eigenen Vortrefflichkeit absterbe. Die zwei andern Zweige sind das Ab= sterben hinsichtlich der unordentlichen Zu= neigung, die man zum Fleische hat, und hinsichtlich der natürlichen Neigung des Menschen, in Allem seinen Willen zu thun, und Alles auf sich zu beziehen.

Der wahre Andächtige verschont sich hinsichtlich dieser zwei letzten Punkte so wenig als hinsichtlich des ersten. Er weiß, daß es besonders die Abtödtung ist, welche Gott von ihm verlangt. Denn das Gebet ist mehr Gottes als sein Werk. Die ganze Andacht ist nun aber in der

Ausübung des Gebetes und der Abtödtung begriffen. Je mehr man in beiden
fortschreitet, desto andächtiger ist man,
und umgekehrt. Es findet also zwischen
Gott und der ihm geweihten Seele eine
Theilung statt: Gott übernimmt gewöhnlich das Gebet und überläßt der Seele
die Abtödtung: nicht als ob er nicht auch
an diese die Hand legte, da ja auch die
Seele bei dem Gebete mitwirkt, sondern
das Gebet ist eben hauptsächlich das Werk
der Gnade, und die Abtödtung das Werk
des Willens.

Die Abtödtung des Fleisches ist aus
zwei Hauptgründen unerläßlich. Der erste
ist, weil die unordentliche Liebe zu un-
serem Leibe, das Streben nach den sinnlichen Genüssen, und das Fliehen des
Schmerzes die Quelle unzähliger Sünden
sind: und der zweite, daß der thierische
oder fleischliche Mensch nichts von den
Dingen Gottes und des Geistes begreift
(Cor. 2, 15.) und keinen Sinn dafür hat.

Es ist daher auch, wenn sich eine
Seele Gott hingibt, die Neigung zur

äußern Abtödtung das Erste, was er ihr
einflößt. Diejenigen, welche in diesem
Punkte gleichgiltig oder nachlässig sind,
sind nicht wahrhaft anbächtig. In den
Zeiten des ersten Eifers ist man mehr
zum Gegentheil geneigt; und man ginge
zu weit, wenn man nicht durch die Rathschläge eines weisen Leiters zurückgehalten
würde.

Ihr Wesentliches ist, daß sie sich nie
Etwas bloß zur Befriedigung der Sinne
erlaubt, nie ein sinnliches, wenn auch
unschuldiges Vergnügen aufsucht, weil es
nicht mehr unschuldig ist, sobald man
ihm nachhängt und es als sinnliches Vergnügen genießt; daß sie das, was mit
Recht für die Bedürfnisse des Leibes geschehen soll, so einrichtet, daß die Grenzen des Hinreichenden nicht überschritten
werden. Und da diese Grenzen durchaus
kein bestimmtes Maß haben, so muß man,
um die Ruhe nicht zu verlieren und sich
in dieser Hinsicht nicht abzuquälen, Gott
inständig bitten, er möge uns selbst leiten, und kann alle seine Fingerzeige gewissenhaft befolgen.

Von dieser Art der Abtödtung, die
vielmehr Mäßigkeit und Nüchternheit ge-
nannt werden muß, kann gar nichts frei-
sprechen. Nicht so verhält es sich aber
mit den Kasteiungen. Das Alter, die
Zartheit der Leibesbeschaffenheit sind giltige Dispensationsgründe: große Arbeiten
des Geistes oder des Leibes können sie
ersetzen; es gibt sogar Zeiten im geistlichen Leben, wo Gott, um der geprüften
Seele jede Stütze zu entziehen, die Anwendung derselben versagt und höchstens
nur sehr geringe gestattet. Der wahre
Andächtige ist entschlossen, in dieser Hinsicht Alles zu thun, von dem er erkennt,
daß es der Wille Gottes ist, sich Raths
zu erholen, um hierin zur Gewißheit zu
gelangen und das Ganze dem Gehorsam
zu unterwerfen.

24.

Die Abtödtung des Willens ist weit
wichtiger, umfassender und schwerer auszuüben als die Abtödtung des Fleisches.
Sie kennt weder Grenzen noch Ausnah-
men: nie darf man sie unterlassen, und

es ist nicht zu fürchten, daß man darin zu weit gehe. Wenn ich hier alle Arten der Absterbungen anführen sollte, denen sich der Wille zu unterwerfen hat, um gänzlich im Willen Gottes verloren zu sein, und nur mehr Eins mit ihm zu bilden, so wäre dazu ein ganzes Werk erforderlich. Ich will nur sagen, daß diese Absterbungen je nach der Absicht Gottes mit den Seelen verschieden sind, und daß man fast nur eine Vorstellung davon haben kann, wenn man sie selber ausübt.

Man vergesse nicht, daß andächtig sein, heißt, Gott geweiht sein, und folglich in Allem keinen andern Willen als den seinigen haben. Ich sage, in Allem, und nur Gott allein kann wissen, wie weit sich dieß zu erstrecken hat, weil das Geschöpf, wenn es sich ihm weiht, ihm seinen Willen übergibt, damit er nach seinem Wohlgefallen damit verfüge. Es muß daher entschlossen sein, allem eignen Willen gänzlich zu entsagen und Gott in Allem zu unterstützen, was er thun oder zulassen wird, um diesen eigenen Willen zu zerstören.

Man erschrecke jedoch nicht zum Voraus, und lasse seiner Einbildungskraft
nicht über Dinge freien Lauf, welche
vielleicht nie stattfinden werden. Man
warte im Frieden, bis Gott seine Absichten offenbart; man sehe nichts voraus,
man fürchte nichts, man verwerfe nichts,
bürde sich aber auch nichts selber auf.
Man lasse Gott handeln; er ist unendlich weise; er kennt die geheimsten Trieb-
federn unsers Willens, und er weiß, wie
er ihn leiten muß, um ihn seinen Absichten zu unterwerfen.

Er wird mit dem Leichtesten beginnen;
er wird stufenweise zu dem Schwereren
übergehen und uns so, wenn er es für
geeignet hält, zu den größten Opfern
führen. Aber er wird Alles eben so
kraftvoll als milde vollbringen; er wird
unsern Willen so vorbereiten, daß er sich
ihm immer weniger widersetzt und am
Ende fast das Vermögen, sich ihm zu
widersetzen, verliert. Er wird uns un-
merklich dahin bringen, daß wir ihm
Alles geben, was wir ihm durch unsere
freie Zustimmung geben können; und

was wir ihm nicht zu geben vermögen,
das werden wir ihn, eben weil wir uns
ihm gänzlich hingegeben haben, nehmen
lassen.

Dieß ist das gewöhnliche Verfahren
Gottes. Er verlangt von der Seele eine
allgemeine und bestimmte Zustimmung zu
Allem, was er nach seinem Wohlgefallen
über sie verfügen wird. Ist diese Zustimmung einmal gegeben, so enthüllt er
seine besondern Absichten entweder durch
die Wirkungen seiner Vorsehung und die
unvorhergesehenen Umstände, in die er
die Seele bringt, oder durch die Versuchungen und die Prüfungen, denen er
sie aussetzt; er richtet seine Gnaden und
seinen Beistand nach einer jeden Lage
ein; und diese Seele hat selber nichts
Anderes zu thun, als sich in den Willen
Gottes zu fügen. Sie unterwirft sich
ihm Anfangs mit Widerstreben und nach
vielen Kämpfen, dann mit einer unge-
säumten Bereitwilligkeit, endlich mit Freuden. Sie kommt so weit, daß sie in gar
keiner Hinsicht mehr irgend einen Wider-
stand fühlt, nichts mehr wünscht, nichts

mehr fürchtet, gegen Alles auf eine heilige Weise gleichgiltig ist, wenn nur das Wohlgefallen Gottes in ihr geschieht. Alsdann ist sie auf der höchsten Stufe der Gleichförmigkeit, indem ihr Wille nicht bloß mit dem Willen Gottes vereinigt ist, sondern auch nur mehr Eins mit ihm bildet.

Dieß ist das Ziel der innern Abtödtung und zugleich auch der Andacht. Wenn sie nicht dahin strebt, so ist sie keine Hingebung mehr, oder nur eine sehr unvollkommene. Demüthigen wir uns; wir halten uns vielleicht für andächtig, und haben nicht einmal noch den rechten Begriff von der Andacht. Diejenigen, welche Jesu Christo angehören, sagt der heilige Paulus, haben ihr Fleisch gekreuzigt (Gal. 5, 24.), sie haben es gleich ihrem Meister an das Kreuz geheftet. Ist unser Fleisch gekreuzigt, wie das Fleisch Jesu Christi, ich sage nicht, in seinem Leiden, sondern während seines ganzen Lebens gekreuzigt worden ist? „Diejenigen, welche ihm angehören," sagt derselbe Apostel, „leben nicht mehr für sich

selber, sondern für denjenigen, der für
sie gestorben und auferstanden ist (Cor.
5, 15.)." Wie steht es mit uns? Bemühen wir uns, dahin zu gelangen? Ist
Jesus Christus unser Leben? Ist sein
Wille der unsrige? Ja begreifen wir
auch nur, was es heißt, nicht mehr für
sich, sondern für Jesus Christus zu leben?

Als der heilige Ignatius in den
Martertod ging, sprach er: „Nun werde
ich ein Jünger Jesu Christi." Die Liebe
zu seinem Herrn verzehrte ihn; er brannte
von dem Verlangen, von den Zähnen der
wilden Thiere zermalmt zu werden, und
er sagte gleichwohl nicht: Ich bin ein
Jünger Jesu Christi, sondern: Nun
werde ich ein Jünger Jesu Christi: ich
bin noch erst bei den ersten Anfängen;
und was er sagte, das dachte er aufrichtig. Wir dagegen glauben, für Jesus
Christus genug, ja noch mehr als nöthig
ist, zu thun; wir glauben, fast schon
vollkommen zu sein! Noch einmal, bemüthigen wir uns. Die Heiligen dachten
von der Andacht ganz anders — als
wir. Sie bildeten sich nicht ein, an-

5*

rächtig zu sein; ihre Demuth verhinderte
dieß; sie strebten nur danach, es zu
werden, und sie nannten sich nur Lehr-
linge, und zwar noch am Ende ihrer
Laufbahn.

25.

Die Andacht ist einförmig und unwandelbar; sie ist eine fortwährende Anhänglichkeit des Herzens an Gott, unab-
hängig von allen Wechseln des geistlichen
Lebens. Sie bleibt sich immer gleich in
den Trockenheiten wie in den Tröstungen,
in der Beraubung wie im Genusse, in
der Unruhe der Versuchungen wie in der
Ruhe des Friedens, in der Verlassenheit
von Gott, wie in der Gnadenerweisung
bei der innigsten Vereinigung. Wie mich
Gott auch behandeln mag, sagt die ergebene Seele, er ist doch immer, was er
ist; er verdient immer auf gleiche Weise,
daß man ihm diene. Meine Hingebung
darf keine Veränderung erleiden, weil
derjenige, dem ich mich ergeben habe,
unveränderlich ist.

Sie ist einfach und hat nur eine Ab-

ſicht. Gott allein, das iſt ihr Wahl-
ſpruch. Sie beſtrebt ſich, ihre Beweggründe zu reinigen, indem ſie ſich über
Alles erhebt, um nur Gott und ſeinen
Willen im Auge zu haben. Sie ſieht
nicht auf Gott und auf ſich zugleich. Die
andächtige Seele ſieht ſich zwar, aber in
Gott und in ſeinem Wohlgefallen, das
ihr über Alles geht.

Sie iſt eifrig, d. h. immer entſchloſſen, zu thun und zu leiden, was Gott
gefällt, wie ſchwer es ihr auch fallen
mag. Denn Eifer nenne ich nicht jene
vorübergehenden Aufwallungen, welche eine
fühlbare Gnade in der Seele erzeugt.
Die Anfänger täuſchen ſich hierin; ſie
meinen alsdann, ſie ſeien zu Allem fähig,
und ſie fordern Gott auf, ſie auf die
Probe zu ſtellen. Allein dieſe fühlbare
Wirkung der Gnade darf nur aufhören,
ſo denken und ſprechen ſie bald anders
und fühlen ihre ganze Schwachheit. Der
wahre Eifer wohnt im Willen, und er
währt ſo lange fort, als ſich der Wille
nicht der Lauheit, der Schlaffheit, der
Trägheit überläßt, ſo lange er daſſelbe

Feuer, denselben Muth, dieselbe Thätig-
keit bewahrt.

Sie ist getreu, indem sie im äußersten Grade aufmerksam und gewissenhaft
ist, jedoch ohne Bedenklichkeit und Aengst-
lichkeit: getreu im Kleinen wie im Großen; getreu in dem, was zur Vollkommenheit gehört, und in dem, was die
Pflicht erheischt; getreu bei dem geringsten Zeichen, wie bei dem ausdrücklichsten
Befehl. Ihr Grundsatz, von dem sie
nie abweicht, ist: nichts ist im Dienste
eines so großen Herrn klein, dessen Wille
allein den Dingen den Werth gibt, und
man kann ihm seine Liebe nicht besser
beweisen, als wenn man seinem Wunsche
zuvorkommt, ohne auf einen ausdrück-
lichen Befehl zu warten.

Sie ist weise, immer darauf bedacht,
sich vom Geiste Gottes leiten zu lassen;
sie handelt nie unüberlegt, unvorsichtig,
mit Uebertreibung; sie ist eine Freundin
der Ordnung, indem sie Alles zur rechten Zeit und am rechten Orte thut; sie
weiß, wann man fest sein muß, oder sich
in die Schwachheit Anderer schicken soll,

wann man seinen Uebungen streng ob=
liegen muß, oder von der Regelmäßigkeit
einen Augenblick aus Bruderliebe ab=
weichen darf.

Sie hört nicht auf die Einbildungs=
kraft, welche die Klippe der meisten from=
men Personen ist, welche sie beunruhigt,
außer Fassung bringt, ihnen tausend Ge=
spenster vormalt, sie beständig unterneh=
men und wieder aufhören läßt, sie wun=
derlich, veränderlich, unbeständig macht.
Sie macht es sich vielmehr zu einer
Hauptaufgabe, sie zu verachten und im
Zaume zu halten. Dadurch erwirbt sie
einen großen Frieden, einen Gleichmuth,
der sich nie verläugnet, eine Heiterkeit
der Seele, die sich auch äußerlich zeigt,
und selbst in den betrübendsten Lagen ihr
Angesicht nicht verläßt.

26.

Sie ist gelehrig, läßt nicht bloß die
eigenen Begriffe gelten, sondern unter=
wirft sie gern denjenigen, welche ihr vor=
gesetzt sind, indem sie ihnen selbst das
aufopfert, was sie für eine Ueberzeugung

unb Beſtimmtheit hält, und ihnen ungeachtet des ſtärkſten Widerſtrebens gehorcht, gegen ihren Willen an keiner
Uebung feſthält, und nichts in ihrer gewöhnlichen Lebensweiſe ändert, ohne ſie
zuvor um Rath gefragt zu haben.

Sie richtet ſich nie, weder im Uebeln,
um nicht muthlos zu werden, noch im
Guten, um ſich nicht der Dünkelhaftig-
keit auszuſetzen: ſie iſt eben ſo vor der
falſchen Demuth, welche nie mit ihrem
Fortſchritte zufrieden iſt und an allen
ihren Handlungen Etwas auszuſetzen findet, wie gegen das falſche Vertrauen auf
ihrer Hut, welches Alles gut heißt, was
ſie thut, und ſie an ihrem Fortſchritte
nicht zweifeln läßt; ſie glaubt, es ſei
demüthiger und ſicherer, ſich nicht zu
muſtern und ein Urtheil über ihren Zu-
ſtand zu fällen, ſondern ſich von denjenigen beurtheilen zu laſſen, welche ſie
zu leiten haben, und ihnen mit derſelben
Einfalt zu glauben, mag ſie nun von
ihnen gebilligt oder mißbilligt werden.

Streng gegen ſich ſelber, iſt die wahre
Andacht nachſichtig gegen Andere, indem

sie mit ihrer Schwachheit eine vernünftige Schonung hat, das Lästigste und Schwerste selber übernimmt, und immer eine größere Last trägt, als sie Andern auflegt.

Sie ist thätig ohne unruhige Geschäftigkeit, bedächtig ohne Langsamkeit, ernst ohne Ziererei, munter ohne Zerstreutheit. Sie ist nicht kleinlich, nicht voll Bedenklichkeiten, nicht unruhig, weder starr noch lax, indem sie in Allem die richtige Mitte hält und sich mehr auf die Seite der Güte als einer zu strengen Gerechtigkeit neigt.

Obwohl für das Gute eifernd, und immer bereit, die guten Werke zu unternehmen, wozu ihr die Vorsehung Gelegenheit verschafft, greift sie dieser Gelegenheit doch nie vor, sondern erwartet sie. Sie setzt sich nicht vor, sie schleicht sich nicht ein, sie macht keine Ränke, sie will sich nicht in Alles mischen, sich nicht in Allem hervorthun, wie wenn nichts recht ausgeführt werden könnte, wenn nicht sie Alles leitet und an der Spitze steht. Die Angelegenheiten Anderer lassen sie unbekümmert; sie erkundigt sich nicht da-

nach, wirft keinen neugierigen Blick hin-
ein, fällt kein Urtheil darüber; sie befaßt sich nur mit der größten Mässig-
ung damit, wenn es die Nächstenliebe
erheischt; und alsdann nimmt sie den
lebhaftesten Antheil an ihrem guten Aus-
gange, indem sie keine Mühe, keine Mittel, keine Fürsprache spart, gleichwohl
aber immer bereit ist, sich zurückzuziehen,
und solche gute Werke lieber von Andern
geschehen läßt, als sie selber auszuüben.

Sie läßt ihren Eifer nicht darin bestehen, daß sie beständig gegen die Mißbräuche, wenn diese auch wirklich bestehen, mit Bitterkeit donnert; sie seufzt
vor Gott darüber und bittet ihn, ihnen
Einhalt zu thun; aber sie duldet sie,
wenn sie nicht berufen ist, sie zu verbessern, und wenn sie gegen sie arbeitet,
so geschieht es mit eben so viel Milde
und Gebuld als Nachdruck, indem sie
nicht unbedachtsam handelt, nichts über-
stürzt, nichts verletzt. Bestrebt, sich selber zu verbessern, macht sie sich nicht
öffentlich durch Verbesserungsvorschläge
geltend. Ihre eigenen Mängel beschäf-

tigen sie zu sehr, als daß sie Zeit hätte, fremde zu bemerken; sie sieht sie nicht, oder sie entschuldigt sie; kann sie dieselben aber nicht entschuldigen, so schweigt sie, oder sie spricht nur, von Liebe getrieben, davon und zum Wohle der betheiligten Personen.

Sie ist eine erklärte Feindin aller Parteisucht, aller Ränke, aller geheimen Gesellschaften. Sie wählt allerdings die Personen aus, womit sie einen heiligen Umgang unterhalten und vertraulich von den Dingen Gottes sprechen kann. Allein diese Verhältnisse sind das Werk der Gnade; es findet dabei nichts Geheimnißvolles, nichts statt, was Verachtung gegen Andere zu erkennen gibt, wie wenn sie nicht würdig wären, Zutritt in die Gesellschaft zu haben. Noch weniger bildet sie Umtriebe, um einen Prediger, einen Leiter in Ansehen zu bringen, indem sie diese durch Erniedrigung Anderer erhebt. Diese Parteisucht kennzeichnet die falsche Andacht; die wahre Frömmigkeit hat einen Abscheu davor.

27.

Aus dem eben Gesagten ersieht man, daß es einer der Hauptzwecke der Andacht ist, die Gemüthsart zu verbessern; und darauf richtet sie in der That unser erstes Augenmerk, indem sie uns die Augen über unsere Fehler öffnet, gegen die wir nur zu blind sind, und uns das Verlangen, sie zu überwinden, den Muth, um sie anzugreifen, und die Hoffnung einflößt, über sie mit dem Beistand der Gnade zu triumphiren.

Jedermann weiß, daß es keine so vollkommene Gemüthsart gibt, die nicht irgend einem Fehler unterworfen sei; und daß selbst die besten natürlichen Eigenschaften immer an irgend ein Laster grenzen. Die Milde artet in Schwachheit, in weichliche Gefälligkeit, in Unempfindlichkeit aus. Die Festigkeit setzt uns der Strenge, der Härte, der Hartnäckigkeit aus; die umsichtige Seele ist oft zaghaft, mißtrauisch, argwöhnisch; die entschlossene Seele dagegen ist unternehmend, dünkelhaft, vermessen; und so verhält es sich mit den übrigen Eigenschaften, die selten rein und fast immer ein Gemisch von Gutem und Ueblem sind.

Die Vernunft allein wird nie eine vollkommene Scheidung bewirken. Sie ist nicht scharfsehend genug, um die zarten Grenzen zu erkennen, welche die guten von den übeln Eigenschaften trennen; nicht einsichtsvoll genug, um die Mitte zwischen zwei Ausartungen zu ergreifen, nicht genug Herr über sich selbst, um standhaft daran festzuhalten: noch weniger kann sie zwei gute Eigenschaften, die einander zu widerstreben scheinen, mit einander vereinigen und in Einklang bringen. Es kann dieß nur das Werk der Gnade sein, deren Licht unendlich eindringender, sicherer ist und, während es den Geist erleuchtet, den Willen anregt und in einem Geschäfte beständig erhält, wo es sich um die Neugestaltung der Natur handelt.

Wenn ich von der Neugestaltung der Natur spreche, so darf man nicht meinen, die Gemüthsart verwandle sich in eine entgegengesetzte. Der Grund einer jeden

Gemüthsart ist gut: warum sollte ihn die
Gnade zu einem andern machen? Dieser
Grund bleibt also: das Fehlerhafte aber,
was die Eigenliebe hinzu gethan hat, ver=
schwindet, und das Gute, was er hat,
vervollkommnet sich. Jede moralische Ei=
genschaft verliert ihr Uebermaß und er=
wirbt das ihr Mangelnde. Sie passen
sich einander an, und aus ihrer Läuter=
nug entspringt die vollkommene Tugend.
Die Andacht macht ferner die moralischen
Eigenschaften übernatürlich und theilt ihnen
etwas gewisses Göttliches mit, das sie
veredelt und heiligt.

Man muß jedoch anerkennen, daß die
Bemühung des Menschen, wenn er auch
von der Gnade unterstützt wird, dieses
Werk selten zur letzten Vollkommenheit
bringt, und daß auch in den heiligsten
Personen gewöhnlich noch ein Fehler oder
etwas Uebertriebenes zurückbleibt, das von
der ursprünglichen Gemüthsart herrührt,
wie dieß aus den Schriften und dem Ver=
fahren eines heiligen Cyprian, eines hei=
ligen Hieronymus und vieler Andern zu
bemerken ist.

Wenn aber Gott selber das Werk unternimmt, und sich deßhalb einer Seele bemächtigt, und sie auf den innern Weg führt, dann reinigen diese Seele, wenn sie getreu bleibt, die zur Gewohnheit gewordene Sammlung, die Betrachtung, die Prüfungen gründlich und bringen ihre Gemüthsart in den Schmelztiegel, aus dem sie ohne irgend eine Beimischung hervorgeht. Diese Seele wird gleichsam ein weiches Wachs in den Händen des großen Werkmeisters, der es nach seinem Belieben bearbeitet und bildet, und eben so tiefe als zarte Veränderungen damit hervorbringt. In solchen Gemüthsarten erscheint Alles als übernatürlich, man sieht nichts Menschliches mehr darin; keine gute Eigenschaft geht zu weit und beeinträchtigt eine andere, sondern es sind alle in einem vollkommenen Einklange. Von dieser Art waren die Heiligen Augustin und Franz von Sales. Wie lieblich ist ihre Andacht! Welche Liebe, welche Gleichförmigkeit, welcher bewunderungswürdige Gleichmuth der Seele zeigt sich in ihrem Leben und in ihrem Umgange wie in ihren Werken!

28.

Man wirft der Andacht vor, daß sie
den Geist beschränke. Diejenigen, welche
ihr diesen Vorwurf machen, kennen sie
nicht: sie halten sich an die Kleinlichkeiten
und Uebertreibungen gewisser Andächtigen,
und bürden der Andacht die Mängel der=
jenigen zu, welche sie falsch auffassen und
ausüben.

Denken wir uns irgend eine Manns=
oder Frauensperson, welche die Andacht
betrachtet und ausübt, wie wir sie ihrem
Begriffe und Wesen nach erklärt haben,
und sehen wir, ob sie ihren Geist be=
schränkt. Doch wozu brauchen wir zu
sehen? Sind denn so viele Beobachtungen
und Beurtheilungen nöthig, um sich zu
überzeugen, daß die wahren Begriffe, die
großen Begriffe, die richtigen Begriffe von
den für den Menschen wichtigsten Gegen=
ständen allein aus der Andacht geschöpft
werden können, welche zu den Kenntnissen,
die uns die reine und gesunde Vernunft
verschafft, die gründlichsten, sichersten und
erhabensten Erleuchtungen der Offenbar=

ung fügt? Nur die Wahrheit ist groß; und die Wahrheit ist Gott: sie ist Alles das, was von Gott ausfließt, Alles das, was nach Gott strebt und sich in Gott verliert.

Wie kann also ein Geist, der es sich in Allem, wozu er fähig ist, und was sich auf seine Pflichten bezieht, zum Ge= setze macht, Gott um Rath zu fragen, seine Begriffe und Urtheile nach den Be= griffen und Urtheilen Gottes zu bilden, beschränkt werden? Ist Gott nicht „der Vater der Lichter (Jak. 1, 17.)?" Ist das ewige Wort nicht „das wahre Licht, welches jeden Menschen erleuchtet, der in diese Welt kommt (Joh. 1, 9.)?" Und ein Geist, der dieses Licht zur Richtschnur und zum Führer nimmt, soll eng und klein werden können? Es gibt keine Un= gereimtheit, keinen Widerspruch, der die= sem gleicht.

Ich habe gesagt, daß uns die Andacht hinsichtlich dessen unterrichtet, wozu wir fähig sind, und was sich auf unsere Pflichten bezieht. Denn weiter braucht sie durchaus nicht zu gehen. Sie richtet sich nach der Fähigkeit der Einfältigen

5 **

und der Unwiſſenden, und ſie gibt ihnen
Alles, was hinreicht, um ſich gut verhalten zu können. Der wahre Andächtige
hat, welches auch der natürliche Umfang
ſeines Geiſtes ſein, und welche Erziehung
er auch genoſſen haben mag, immer mehr
Verſtand, mehr guten Sinn, mehr Schärfe
und Richtigkeit des Urtheils, als der
Nichtandächtige. Dieß iſt unbeſtreitbar,
und mehr will ich nicht. Wenn aber ein
Menſch, der ein großes und durch eine
gute Erziehung ausgebildetes Talent hat,
ſich der Andacht widmet, wenn er in ſeinen Betrachtungen und Forſchungen einen
heitern, von Vorurtheilen und Leidenſchaf-
ten freien Geiſt bewahrt, indem er nur
die Wahrheit ſucht, und ſie einzig in
Gott ſucht, dann behaupte ich, daß er in
ſeinen Forſchungen ſo weit gelangt, als
es die Grenzen ſeines Verſtandes geſtat-
ten, daß er von den verwickeltſten und
ſchwierigſten Dingen eben ſo ſicher urtheilt,
als man es von einer Vernunft erwarten
kann, die nicht unfehlbar iſt, und daß
ſich ſeine Talente ſo ſehr entwickeln, als
ſie fähig ſind.

Der heilige Augustin war andächtig; er kannte und übte die Religion auf eine ausgezeichnete Weise aus. War er etwa ein kleiner Geist? Kennt man einen, der mehr Umfang, mehr Höhe, mehr Tiefe hatte? Hätte er so große, so richtige, so scharfe Ansichten gehabt, wenn er sich bloß auf das Studium der Beredsamkeit und der profanen Wissenschaft beschränkt hätte? Urtheilen wir darüber aus dem, was er uns selbst in seinen Bekenntnissen erzählt. Bis zu seinem dreißigsten Jahre hatte er alle Arten von Wissenschaften betrieben und die Wahrheit mit einem unermüdlichen Eifer überall anderswo als in der Religion gesucht. Hatte er sie gefunden? Fand sein unruhiger Geist Ruhe darin? Hatte er sie erforscht und entwickelt, wie nachmals, als er, nachdem er sich gänzlich Gott hingegeben, fast keine andern Bücher mehr kannte als die heiligen Schriften und, um sie recht zu verstehen, durch ein fortwährendes Gebet den göttlichen Beistand erflehte?

Der heilige Johannes Chrysostomus war andächtig. Schadete die Andacht sei-

nem hohen Geiſte, ſeinem glücklichen Ta=
lente zur Beredſamkeit? Erwarb er nicht
auch noch jenen Abel der Vorſtellungen,
jene Richtigkeit des Urtheils, jene Tiefe
der Weisheit, welche man in ſeinen Re=
den bewundert, und welche er gewiß nicht
dem Unterrichte ſeines Lehrers Libanius
verdankte? Wäre er der große Mann
geworden, wenn er ſich nur an dieſen
Sophiſten gehalten hätte, der ihn zu ſei=
nem Nachfolger beſtimmte, wenn ihn ihm
die Chriſten, wie er klagt, nicht entriſſen
hätten? Man vergleiche die Schriften
beider, und urtheile. Daſſelbe könnte
ich von allen Vätern der Kirche ſagen,
welche es der Andacht verdankten, daß ſie
die beſten Geiſter und die Lichter ihres
Jahrhunderts geworden ſind.

Die Andacht beſchränkt alſo nicht
bloß nicht den Geiſt, ſie verſchafft ihm
vielmehr den ganzen Umfang, die ganze
Gründlichkeit, den ganzen Scharfſinn, deſ=
ſen er fähig iſt. Es wird dieß einleuch=
tend ſein, wenn man die Natur der Ge=
genſtände, womit ſich die Andacht befaßt,
die Art und Weiſe, wie ſie uns die üb=

rigen Gegenstände darstellt, die Regeln,
welche sie uns zu ihrer Beurtheilung gibt,
die Mittel, welche sie uns verschafft, und
die Hindernisse betrachtet, welche sie entfernt. Die nichtswürdigen Künste und
die bloß zur Ergötzung dienenden Kenntnisse nehme ich aus: diese lehrt sie verachten, oder gestattet wenigstens nicht, daß
man ihnen obliege. Außerdem aber frage
ich, ob es eine einzige des Menschen wahrhaft würdige Wissenschaft gibt, wozu die
Andacht, wie ich sie erklärt habe, nicht
nützlich oder gar nothwendig wäre, um
ihre wahren Grundsätze zu erforschen, um
ihnen zu folgen und die richtigen Schlüsse
daraus zu ziehen. Ich überlasse dieses
dem Nachdenken meiner Leser. Sie mögen den ganzen Umfang der Philosophie
durchwandern, und mir sagen, ob es nur
einen einzigen Zweig von ihr gibt, den
man besitzen und gründlich behandeln
kann ohne die Wissenschaft der Religion,
welche die Grundlage aller Philosophie
ist. Was ist die Geschichte sonst als ein
Gegenstand der Neugierde, als eine bloße
Uebung des Gedächtnisses, wenn man sie

von der Vorsehung trennt, welche lange
zum Voraus die Ereignisse vorbereitet,
sie zu Zwecken, die ihrer würdig sind,
herbeiführt oder zuläßt? Und welcher
andere Geist als der von einer wahren
Andacht erleuchtete wird es vermögen, die
Geschichte in ihrer innigen Beziehung zur
Religion zu betrachten, die sie immer gehabt hat und immer haben wird? Wenn
sie der große Bossuet nicht so betrachtet
hätte, so wäre sein Vortrag nicht so erhaben, so beredt, so belehrend! Wäre er
im Stande gewesen, das Meisterwerk des
menschlichen Geistes sowohl der Anlage
als der Ausführung nach zu liefern?

Nennt man den wahren Andächtigen
einen kleinen Geist, weil er andächtig ist,
weil er Gott liebt und sich scheut, ihn
zu beleidigen, weil er die Kirche, ihre
Diener, ihre Gebote, ihre Entscheidungen
achtet, weil er gewissenhaft in der Be-
handlung der Geschäfte und hinsichtlich
der Mittel, sein Glück zu machen, ist,
weil er fromm, tugendhaft, rechtschaffen
ist, dann habe ich nichts mehr zu sagen;
ich kann nicht verhindern, daß diejenigen,

welche einen persönlichen Vortheil dabei
haben, das, was weiß, schwarz, und das,
was schwarz ist, weiß nennen.

29.

Eben die Andacht, welche den Geist
erweitert und richtig leitet, erweitert auch
das Herz und erhöht die Gefühle. Dieser
Punkt bedarf eben so wenig der Beweise
als der vorige. Die Eigenliebe ist es,
welche das Herz enge macht und es erniedrigt, die Leidenschaften sind es, die
Werthschätzung der Dinge der Erde und
die Liebe zu ihnen. Man suche keine andere Ursache für die Härte, die Niedrig-
keit, die Ungerechtigkeit und die Grausam-
keit als die Selbstsucht, durch welche man
Alles für sich will, Alles auf sich bezieht,
Alles in sich vereinigen will. Kein einziges Laster, kein einziger Fehler kann ge-
nannt werden, der nicht von dieser Wurzel ausgeht.

Was thut nun aber die Andacht und
was will sie? Die Eigenliebe sucht sie
in ihrer Quelle anzugreifen und sie bis
zur gänzlichen Vernichtung zu verfolgen,

indem sie an ihre Stelle die Liebe Got=
tes, die Liebe des Nächsten und die er=
laubte Selbstliebe setzt: sie will dadurch
dem Herzen seine ursprüngliche Geradheit
wieder verschaffen, seine Neigungen wieder
ordnen: sie will darin keine Empfindung
aufkommen lassen, die nicht göttlich ist
und nicht auf Gott sich bezieht; sie will
es so weit machen, daß es sich selbst ver=
gißt und sein Wohlwollen auf alle Men=
schen erstreckt, daß es aus höhern Rück=
sichten als bloß menschlichen an dem Wohl
und Wehe des Nächsten theilnimmt, die
Leiden desselben gern lindert und an sei=
nem Nutzen Freude hat, wie wenn es
der eigene wäre; sie will ihm eine edle
Uneigennützigkeit, eine bescheidene und
theilnehmende Großmüthigkeit einflößen,
die jener prahlerischen Wohlthätigkeit un=
bekannt sind, welcher immer Rücksichten
auf sich selbst vorhergehen, sie begleiten
und ihr folgen; sie will ihm endlich das
ganze Fassungsvermögen wieder verschaf=
fen, das es vom Schöpfer empfangen hat,
und das nur durch die göttliche Unermeß=
lichkeit ausgefüllt werden kann.

Was will die Andacht ferner? Sie
will die menschlichen Leidenschaften, welche
sich um die nichtigen und elenden Güter,
deren Genuß nicht getheilt werden kann,
streiten, sich ihretwegen beneiden, sich gegenseitig entreissen, auf ihren wahren Gegenstand lenken, der sie allein befriedigen
kann, und den sie alle gemeinschaftlich
besitzen können; sie will sie lehren, nur
das zu lieben, zu hassen, zu wünschen,
zu fürchten, was der Mensch nach dem
Willen Gottes und der gesunden Vernunft lieben, hassen, fürchten und wünschen soll: eine Moral, welche, getreulich
ausgeübt, alle Arten von Verbrechen aus
der ganzen Welt verbannen und ihre
Quelle im menschlichen Herzen austrocknen würde.

Was will sie endlich? Sie will uns
Abneigung, Verachtung gegen die Dinge
der Erde einflößen, uns ihre wahre Bestimmung zeigen, welche darin besteht, daß
damit für die vergänglichen Bedürfnisse
des sterblichen Lebens gesorgt werden soll;
sie will uns überzeugen, daß sie für uns,
und zwar nur für den kleinsten Theil

von uns geschaffen sind, und daß unsere
Seele nicht für sie geschaffen ist. Sie
hält der Seele die wahren, ewigen, un=
veränderlichen, ihrer Natur würdigen und
ihren Wünschen angemessenen Gegenstände
vor, sie gibt ihr Sinn dafür, bewirkt,
daß sie ein heisses Verlangen nach ihrem
Besitze bekommt, und zeigt ihr die sichern
Mittel an, um zu diesem Besitze zu ge=
langen.

Welche Großartigkeit, welcher Adel,
welche Erhabenheit der Gesinnungen woh=
nen in demjenigen, den seine Hingebung
an Gott mit diesen Wahrheiten durch=
drungen hat! Seine Verhältnisse und sein
Stand in der Welt kommen hier gar
nicht in Anbetracht; denn in dieser Hin=
sicht macht die Andacht alle Stände gleich,
und der Arme in seiner Hütte ist, wenn
er frömmer ist, größer als der Monarch
in seinem Palaste. Die Ehren und die
Würden blähen ihn nicht auf, die Ver=
borgenheit und die Abhängigkeit ernied=
rigen ihn nicht. Er ist nicht übermüthig
im Glücke, nicht niedergeschlagen im Un=
glücke, in keinem Falle stolz und verachtend.

Wenn er seiner Stellung gemäß über andern Menschen steht, so sieht er in ihnen nur Gleiche, die er zu unterstützen und zu beschützen berufen ist. Er hält sich für geringer als einen Jeden, der Gott mehr dient als er; und da es Niemand gibt, der vor Gott nicht größer ist oder sein kann als er, so setzt er sich in seinem Herzen auf den letzten Platz. Ist er von einem niedrigen Stande, so beneidet er die Höhern so wenig, daß er sich vielmehr darüber freut und Gott dafür dankt. Ja, er dankt Gott, daß er in der Dürftigkeit geboren worden ist, und wenn ihn die Gnade dazu ermuntert, so ist er gern arm, ja am freiwilligen Bettelstabe. Wir haben Beispiele davon, und dieser Zug der Seelengröße ist für den, der ihn zu schätzen weiß, nicht einer der geringsten Triumphe der Andacht.

Wenn er Herren hat, so achtet, liebt er Gott, gehorcht er Gott in ihnen. Mit einem Worte, ein wahrhaft großes Herz, das über alles Erschaffene erhaben ist, nichts Höheres kennt als Gott allein, hat nur der wahre Andächtige.

6*

30.

Es scheint nun, es sei die Schilder=
ung der Andacht vollendet, und sie zeige
sich in einer ganz andern Gestalt, als
man sie sich gewöhnlich denkt. Ich habe
jedoch noch einige Züge hinzuzufügen.

Der wahre Andächtige ist ein Mensch,
der nicht mehr der Zeit angehört. Von
dem Augenblicke an, wo er sich Gott
weiht, befindet er sich gleichsam in der
Region der Ewigkeit, denkt er nur an
die Ewigkeit, nicht mit Schrecken, sondern
mit Freude, als an seine Bestimmung;
er betrachtet Alles in Bezug auf die
Ewigkeit; er hat beständig diese Worte
eines Heiligen im Geiste: „Was thut
dieß zur Ewigkeit?" Was liegt mir an
dem, was vergeht? Ich bin in dieser
Welt nur als an einem Orte der Prüf=
ung; ich bin gekommen, um zu lernen,
was ich für die Ewigkeit thun soll. Ich
bin bestimmt, Gott zu lieben und für
immer durch seinen Besitz glückselig zu
sein. Das ist mein Zweck. Die unge=
wisse und an sich sehr kleine Anzahl von

Tagen, welche für mich auf Erden ver-
fließen, ist mir nur gewährt, damit ich
Gott liebe, um ihn einst ewig lieben und
besitzen zu dürfen. Alles soll hienieden
eine Uebung der Liebe für mich sein.
Aber die Liebe bestrebt sich nur, zu geben, zu opfern, zu leiden für den Gegenstand, den sie liebt, sich nur seinem Wohlgefallen zu weihen. Nur dieses habe ich
also zu thun: dazu soll ich alle Augenblicke meines Lebens anwenden. Derjenige, welchen ich liebe, verdient Alles und
erwartet Alles von mir. Er hat mich
mit einer ewigen Liebe geliebt, mit einer
ganz freien und uneigennützigen Liebe,
mit einer Liebe, welcher die meinige, so
groß sie auch sein mag, nie nahe kommen wird. Für seine Liebe nun verlangt
er von mir die meinige, und wäre er
mir auch nicht zuvorgekommen, würde er
mir auch nichts verheißen, so hätte ich
dennoch tausend Gründe, ihn zu lieben.

Der Wille Gottes ist die einzige
Richtschnur des wahren Andächtigen. In
Allem, was ihm begegnet, sieht er nur
ihn, hält er sich nur an ihn; er preist

ihn in Allem, und ist immer zufrieden,
wenn nur er geschieht. Er ist innig überzeugt, daß Gott nichts will, das nicht
denen, die ihn lieben, zum Besten dient;
Alles, was ihm von seiner Hand kommt
(und von dieser kommt Alles bis auf die
Sünde), ist für ihn eine Wohlthat, und
die Kreuze noch mehr als alles Uebrige,
wegen der Aehnlichkeit, die sie ihm mit
Jesus Christus, dem Haupte und Vor-
bilde der Gott geweihten Seelen, geben.

Alles dient ihm dazu, um sich immer
inniger mit demjenigen zu vereinigen, den
er liebt; die Hindernisse verwandeln sich
in Mittel; nichts hemmt ihn; Alles über-
windet, Alles bezwingt er; er räumt
Alles aus dem Wege, was ihn abhält,
sich unmittelbar mit ihm, Geist mit Geist
und Herz mit Herz zu vereinigen. Die
göttliche Vereinigung ist der Beweggrund
aller seiner Handlungen, und der Mittelpunkt aller seiner Wünsche. Daher liebt
er auch Alles, was er liebt, nur in Gott
und um Gottes willen.

Man glaube deßhalb ja nicht, wie
sich Manche fälschlich einbilden, daß sein

Herz gleichgiltig und unempfindlich ist.
Es gibt kein gefühlvolleres, zärtlicheres,
mitfühlenderes, großmüthigeres, dank=
bareres Herz als das des wahren Andächtigen. Seine Liebe zu dem Nächsten
richtet sich nach der unendlichen Liebe
Gottes, und sie ist nur eine Erweiterung
derjenigen, die er zu Gott hat. Seine
Nächstenliebe ist eine wahrhaftige Liebe,
eine zarte Liebe, eine zuvorkommende
Liebe, eine Liebe, welche nichts zu schwä=
chen vermag, welche vielmehr durch eben
das, was sie vermindern zu müssen
scheint, vergrößert wird. Dieß verhindert
nicht, daß Gott für den wahren Andäch=
tigen im vollsten Sinne Alles, und das
Uebrige nichts für ihn ist, weil Gott sein
einziges Gut und das Ziel aller seiner
Neigungen ist, welche an den Geschöpfen
nur vorübergehen, um in ihm zu ruhen.

31.

Betrachten wir aber noch genauer,
welches Verhalten die Andacht gegen den
Nächsten einflößt. Denn dieß ist der
Punkt, hinsichtlich dessen sie am Unge=

rechteſten angegriffen wird; und es iſt nothwendig, ſie gegen die Bosheit ihrer Tadler in Schutz zu nehmen.

Ich ſage nun, daß die Andacht in Bezug auf den Nächſten alle die Merkmale hat, welche der heilige Paulus der Bruderliebe zuſchreibt (1. Cor. 13, 49.), weil ſie nichts Anderes iſt als die Ausübung der reinſten Bruderliebe. Wir wollen dieſe Merkmale in's Auge faſſen. Man wende ſie auf die Andächtigen an, die man kennt, und man laſſe denjenigen Gerechtigkeit wiederfahren, an denen man ſie ungeachtet einiger Flecken, welche die menſchliche Schwachheit wider Willen beimiſcht, unzweideutig erkennt.

Der wahre Andächtige iſt alſo „geduldig, er leidet Alles, er erträgt Alles" vom Nächſten. Dieſes Ertragen iſt eines der nothwendigſten Erforderniſſe im täglichen Leben; er muß ſich alſo auch am Meiſten darin üben, weil er beſtändig Gelegenheit dazu hat, und weil es mehr als irgend etwas Anderes zur Erhaltung des häuslichen Friedens beiträgt. Denn im Innern der Familien und hinſichtlich

der Personen, mit denen man gewöhnlich
lebt, ist das Ertragen am Nothwendig-
sten; Mann und Weib müssen es gegenseitig ausüben; der Herr gegen seine
Diener, die Eltern gegen ihre Kinder
und überhaupt diejenigen, welche zusam-
men leben, oder einen häufigen Verkehr
mit einander haben, welcher dem Tem-
peramente, der Gemüthsart, der Launenhaftigkeit, tausend kleinen Fehlern Gelegenheit gibt, sich als das zu zeigen,
was sie sind; ja es ist leichter, in be-
deutenden Fällen geduldig zu bleiben, wo
die Beweggründe der Religion in der Geduld erhalten, und wo die Furcht, Gott
zu beleidigen, uns auf unserer Hut sein
läßt, als bei gar vielen unbedeutenden
Gelegenheiten in Miene und Worten sich
zu beherrschen, welche sehr häufig sind,
wo man an keine Vorsicht denkt, und
wo die Fehler, die man begeht, keine
Bedeutung zu haben scheinen. Das Nicht-
ertragen hat gleichwohl oft traurige Folgen. Die Einbildungskraft erhitzt sich und
vergrößert uns Fehler, die leicht zu übersehen sind; das Gemüth wird gereizt;

von dem einfachen Widerspruche geht man
zur Abneigung über; man kann sich nicht
mehr sehen, nicht mehr leiden; man nimmt
an Allem Anstoß; von den Worten kommt
man zu heftigen Bewegungen, zu erklärten
Feindschaften. In ihrem Anfange war die
Sache nichts; am Ende wird das Uebel
unheilbar. Hier nun kann sich die An=
dacht am Häufigsten zeigen; sie lehrt uns
die Mängel Anderer ertragen, gleichwie
wir wünschen, daß man auch die unsrigen
entschuldige.

Er ist „voll Güte," immer zur Dienst=
fertigkeit bereit. Sein Vermögen, seine
Zeit, seine Talente, sein Ansehen gehören
weniger ihm als Andern. In jedem Au=
genblicke gewährt er, was man von ihm
verlangt, wenn es in seiner Macht steht;
er gibt Alles hin; er opfert selbst seine
frommen Uebungen auf, wenn es das
Wohl des Nächsten erfordert. Er kennt
jene leeren Anerbietungen, jene Entschul=
digungen nicht, die in der Welt so häufig
sind: man zeigt überall den besten Wil=
len, wo man meint, daß keine That zu
folgen braucht. Seine Anerbietungen sind

aufrichtig, er wird von seinem Worte ge-
bunden, und wenn er sich entschuldigt, so
sieht man es ihm wohl an, daß es eine
wahre Pein für ihn ist, nicht leisten zu
können, was man von ihm verlangt.

Von ihm allein kann man sagen, daß
er „nicht eifersüchtig ist"; daß er das
Glück Anderer so gern und noch lieber
sieht als das seinige; daß er keinen Neid
wegen der Talente, wegen der glücklichen
Unternehmungen Anderer, wegen des Bei-
falls oder des Lohnes hat, der ihnen zu
Theil wird. Wie sollte er sie wegen
dessen beneiden, was er für sich selbst
nicht verlangt? Er ist der Erste, der ihr
Verdienst anerkennt, der es lobt, davon
spricht, es geltend macht. Er ist nicht
einmal auf ihre Tugend, auf ihre Heiligkeit, auf die Gnaden eifersüchtig, die ihnen
Gott verleiht; und dieß sind doch allein
die Güter, nach denen er strebt; und so
sehr er auch Gott zu lieben verlangt, er
wünscht dennoch, daß ihn Andere an
Liebe übertreffen. Wie selten ist es, von
jener so niedrigen, und gleichwohl dem
Menschen so natürlichen Gesinnung ganz

frei zu sein, wovon die Andacht allein
frei machen kann!

Er sagt nichts, er thut nichts zur un=
rechten Zeit, leichtfertiger Weise, unüber=
legt, was so wichtig ist und in der Ge=
sellschaft so viele Folgen hat. In dieser
Hinsicht weit über die Schlauheit erhaben,
welche nur den äußern Schein rettet, be=
obachtet die Andacht diese Regel auch in
den Urtheilen und Neigungen, aus denen
die äußern Kundgebungen kommen, über
die man nicht immer Herr ist, wenn man
nicht auf Alles Acht hat, was in unserm
Innern vorgeht.

Statt sich wegen der zeitlichen oder
geistlichen Vorzüge aufzublähen, die er
vor Andern hat, merkt der wahre An=
dächtige gar nicht darauf, oder wenn er
daran denkt, so findet er darin nur
Gründe, sich zu demüthigen, während sich
der falsche Andächtige beständig insgeheim
mit Andern vergleicht, um sich den Vor=
zug zu geben und sich Glück zu wünschen,
daß er nicht ist, wie andere Leute (Luc.
18, 2.). Was seine eigne Person be=
trifft, so denkt er so wenig als möglich

an sich; und die Urtheile, welche er über sich selber fällt, streben nur dahin, sich zu verachten. Dieß ist seine innerste Empfindung.

Niemand ist vom Ehrgeize mehr entfernt als er. So großes Wohlgefallen Andere an Auszeichnungen und Bevorzugungen haben, eine so große Abneigung hat er davor. Er denkt so wenig daran, sich zu erheben, es Andern zuvorzuthun, zu gebieten, daß er sich vielmehr gern erniedrigt, gern die letzten Plätze wählt, gern gehorcht. Noch freier ist er vom geistlichen Ehrgeize; da er weiß, daß dieser gefährlicher und Gott und den Menschen verhaßter ist als der andere. Er erstickt selbst den geringsten Keim daran in seinem Herzen, und läßt nie äußerlich Etwas erscheinen, was irgend eine vortheilhafte Vorstellung von ihm geben könnte.

Er sucht nicht seinen eigenen Vortheil, ist immer bereit, ihn für den Frieden und zur Erhaltung der Bruderliebe aufzuopfern. Vor Allem, einzig liegt ihm daran, mit Jedermann um Gottes willen brüderlich zu leben.

Er kennt keine Aufwallung, keine bittern Worte, keine widerwärtige Launenhaftigkeit. Die Sanftmuth begleitet alle seine Reden und herrscht in Allem, was er thut. Er gibt lieber nach, wenn er Recht hat, als daß er seine Meinung mit Nachdruck behauptet. Nichts verletzt ihn, nichts beleidigt ihn, nichts erzürnt ihn. Man möchte glauben, er sei unempfindlich und bemerke nichts, während er doch ein sehr feines Gefühl hat, und ihm nichts Ungehöriges entgeht.

Während der falsche Andächtige an Allem Aergerniß nimmt und Alles übel auslegt, denkt der wahre an nichts Böses und deutet Alles gut, indem er sich bemüht, die Dinge von der guten Seite anzusehen und darzustellen, das wirkliche Unrecht geringer erscheinen zu lassen und wenigstens die Absicht zu rechtfertigen, wenn die Handlung nicht entschuldigt werden kann. Da er selber nichts von Bosheit weiß, so vermuthet er sie auch in Andern nicht, und um Böses glauben zu können, muß er durch den Augenschein gezwungen werden.

32.

Die Höflichkeit der Welt ist nur Heuchelei; sie bezeigt nur Achtung und Freundschaft, um ihre Gleichgiltigkeit und Verachtung besser verbergen zu können, indem ihr gerade an demjenigen am Wenigsten liegt, für die sie am Meisten Zuneigung erkünstelt, und gegen diejenigen am Uebelsten gesinnt ist, welchem sie die meiste Theilnahme zu erkennen gibt. Der wahre Andächtige liebt ohne Verstellung; er zeigt auf seinem Angesichte, was in seiner Seele vorgeht; sein Mund drückt nur aus, was er fühlt. Seine Gemüthsart ist die Herzlichkeit; diese so kostbare Tugend, welche die Welt aus ihrem Umgange verbannt hat, um nur ihren Schein zu bewahren.

Er erwartet nicht, daß man ihm zuvorkomme; sondern er kommt Andern durch Ehrenbezeigungen zuvor. Er vergißt die Rücksichten, welche man ihm schuldig ist, und denkt nur an diejenigen, welche ihm die Liebe gegen den Nächsten vorschreibt. Dieß ist aber nicht so zu

verstehen, als wenn er im nöthigen Falle
seine Würde nicht zu behaupten, seine
Standesrechte nicht aufrecht zu erhalten
wüßte; er zeigt sich da nur nicht hoch=
müthig, anspruchsvoll, empfindlich; und
eben deßhalb ist man auch weniger ge=
neigt, ihm streitig zu machen, was ihm
gebührt.

Die Höflichkeit der Welt gibt nur,
um zu bekommen; sie zeigt sich in dem
einen Falle nur zuvorkommend, damit
man sich in einem andern auch gegen sie
zuvorkommend zeige. Sie mißt, sie schätzt
ihre Zeichen des Wohlwollens ab, und
verlangt minbestens eben so viel Auf=
merksamkeit, als sie zu erkennen gibt,
wobei sie immer fürchtet, sie komme zu
kurz, und man fühle nicht den ganzen
Werth dessen, was sie thut. Das ist die
Weise der Andacht keineswegs. Ohne zu
vergessen, was dem Stande und der
Stellung gebührt, weiß sie leutselig, ar=
tig, zuvorkommend zu sein; sie läßt sich
herab, macht sich vertraut, macht sich
kleiner, stellt sich denen gleich, mit wel=
chen sie verkehrt; ihre Aeußerungen sind

frei, natürlich, ohne alle Nebenrücksicht
für sich selber.

Das menschliche Mitleid hat nur
Worte, und höchstens unfruchtbare Gefühle. Es ist parteiisch, es ist unbeständig, es regt sich nur im Anfange, und
verschwindet bald. Manchmal flößen ihm
die Leiden, deren Zeuge es ist, gerade
durch ihre Größe mehr Abscheu als Er-
barmen ein; und wenn es eine Linder-
ung verschafft, so thut es dieß nur mit
einem gewissen Unwillen des Herzens und
mit abgewendeten Blicken. Nur zu gewöhnlich ist die Menschenfreundlichkeit,
die man bei jeder Gelegenheit zu erkennen gibt, erkünstelt; sie thut Gutes, um
Aufsehen zu machen, und wenn sie die
geheime Noth Anderer aufdeckt, so geschieht es in einer Weise, daß man Grund
hat, es zu bereuen, sich ihr anvertraut
zu haben.

Die Andacht läßt sich keinen von solchen Fehlern zu Schulden kommen. Ihre
Bemitleidung erstreckt sich auf alle Unglücklichen: sie nimmt herzlichen Antheil
an ihren Leiden und ihren Nöthen, wie

6**

wenn es ihre eigenen wären. Sie ver=
schafft wirkliche Erleichterungen; sie hilft
nicht bloß mit ihrem Ueberflusse, sondern
entzieht sich deßhalb auch oft das Noth=
wendige. Keine Art von Elend schreckt
sie zurück, und je größer es ist, desto be=
reiter ist sie, beizustehen. Sie verrichtet
ihre Liebeswerke mit einer theilnehmenden
Miene, mit einem Mitgefühle, mit einer
Zartheit, welche die Gebeugten rührt,
tröstet, enzückt. Voll der zartesten Rück=
sicht besonders gegen die verschämte Ar=
muth, erräth sie diese, erspart sie ihr
die Verlegenheit, sich zu erklären, ver=
schweigt sie ihr gar oft die Hand, welche
ihr beisteht, und thut Gutes auf eine so
verborgene Weise, daß Niemand Etwas
davon merkt; sie selber spricht gewiß nie
davon.

Die Liebe theilt dem wahren Andäch=
tigen die Empfindungen des Nächsten mit.
Er ist dem Rathe des Apostels gemäß
„fröhlich mit den Fröhlichen, und weint
mit den Weinenden (Röm. 12, 15.).“
Sein Herz öffnet sich denen, die sich ihm
nahen, und wird von Allem ergriffen,

was sie berührt. Und das ist keine Ver=
stellung, keine Schmeichelei, keine bloße
Höflichkeit, sondern die wirkliche und tiefe
Theilnahme eines Bruders an dem Wohl
und Wehe seiner Brüder, das er als das
seinige betrachtet.

Wenn man endlich einer Seits be=
trachtet, welchen Nutzen, welche Sicher=
heit, welche Annehmlichkeiten die Menschen=
freundlichkeit, die Erziehung, die Höflich=
keit dem Leben verschaffen können, und
anderer Seits, was die recht verstandene
und recht ausgeübte Andacht demselben
verschafft, und was sie ihm verschaffen
würde, wenn sie allgemeiner verbreitet
wäre, so wird man gezwungen sein, zu=
zugeben, daß der ganze Vorzug auf ihrer
Seite, nnd eigentlich gar kein Vergleich
anzustellen ist. Dem wahren Andächtigen
gebührt nämlich der Lobspruch der Schrift,
daß er „von Gott und den Menschen ge=
liebt wird (Eccl. 50, 1.)," weil er Gott
in Gott dient, und den Menschen so viel
Gutes thut, als von ihm abhängt; und
wenn er nicht immer von ihnen geliebt
wird, so hat dieß seinen Grund darin,

weil sie bös, neidisch, undankbar sind,
weil sie die Tugend mißkennen und ihr
nicht Gerechtigkeit widerfahren lassen.

33.

Der Mensch, welcher andächtig ist,
ist es entweder nicht, wie er es sein soll,
oder er ist ein guter Gatte, ein guter
Vater, ein guter Herr, ein guter Freund,
ein guter Bürger, ein guter Unterthan,
weil das Wesentliche der Andacht darin
besteht, alle Pflichten gewissenhaft zu erfüllen, welche mit diesen und andern
ähnlichen Namen verbunden sind. Es
gibt keinen Fall, wo sie gestattet, auch
nur der geringsten Obliegenheit nicht
nachzukommen, welche die Verhältnisse der
natürlichen oder bürgerlichen Gesellschaft
erheischen, und wo sie nicht allen Ernstes
denjenigen verdammt, der ihr nicht nach-
kommt. Das ist nicht Alles: sie allein entdeckt uns den ganzen Umfang ihrer Pflichten, macht es uns zur Gewissenssache, sie
genau kennen zu lernen, und macht es
uns leicht und angenehm, sie zu jeder Zeit
und unter allen Umständen zu erfüllen.

Uebrigens von Allem abgesehen, so
vergleichet nur in jedem Stande, in jedem Berufe den Andächtigen mit dem
Nichtandächtigen. Sehet zu, welcher von
beiden gebildeter, fleißiger, unbescholtener,
pünktlicher, gewissenhafter, uneigennütziger
ist, welcher am Beliebtesten, über wen
man sich am Wenigsten beklagt, mit dem
man am Zufriedensten ist. Blicket zu
den höchsten Stellen hinauf, untersuchet
unparteiisch, von wem sie am Besten ausgefüllt werden, von den Liebhabern oder
von den Feinden der Andacht. Man kann
andächtig und ohne Talente sein; ohne
Eifer aber, ohne Rechtschaffenheit und
ohne Verlangen, Gutes zu thun, kann
man nicht sein. Die Fehler, welche aus
Mangel an Talent begangen werden,
dürfen nicht der Andacht zugeschrieben
werden, wenn sie uns je ermuntert, ein
Amt, eine Stelle, einen Beruf zu über-
nehmen, wozu wir nicht geeignet sind,
wenn sie uns antreibt, nichts zu versäumen, und uns dazu zu befähigen, oder
endlich sie aufzugeben und uns davon
loszumachen, wenn irgend Jemand dar-

unter leidet. Nie rühren von der Andacht die Betrügereien, die Veruntreu-
ungen, die Ungerechtigkeiten, die Gewalt-
thätigkeiten, die Mißbräuche der Macht,
die Nachläßigkeit, die Arbeitsscheu und
alle Folgen einer strafbaren Unwissenheit
her. Alles Gute muß auf ihre Rechnung
gesetzt werden; alles Böse ist ihr fremd;
und es ist gegen die Billigkeit, sie für
irgend ein Unrecht verantwortlich zu machen. Dieß ist im Allgemeinen von dem
wahren Andächtigen in Bezug auf den
Nächsten und die Gesellschaft zu sagen.

34.

Was ihn persönlich betrifft, so macht
ihn die Andacht der allein wahren Glückseligkeit theilhaftig, die man auf Erden
genießen kann: nie ist es noch vorgekom-
men, daß ein wahrer Andächtiger Grund
gehabt hat, es zu bereuen, daß er andächtig war, und es wird auch nie vor-
kommen. Man wird mir sagen, er hasse
sich, er verachte sich ja, er kämpfe gegen
sich, er verleugne sich. Ich gebe das zu,
allein eben hierin findet er den Frieden,

ben Gleichmuth, die Freude. Es ist durch
die Vernunft und durch die Grundsätze
des Glaubens entschieden und durch eine
beständige und allgemeine Erfahrung be-
wiesen, daß die Güter dieser Welt, ihre
Reichthümer, ihre Ehren, ihre Ergötzungen
die Seele nicht zu befriedigen vermögen
und nur ihren Hunger reizen, ohne ihn
zu stillen; daß die Leidenschaften die
Hauptquelle des Unheils sind, welches das
Menschengeschlecht niederbeugt; und daß
es für die unvermeidlichen Uebel dieses
Lebens keinen andern Trost gibt als die
Religion, welche sie uns ertragen hilft
und uns den rechten Gebrauch davon
machen lehrt.

Es ist ferner entschieden und durch
die Erfahrung dargethan, daß, da Gott
das einzige Gut des Menschen ist, die
Andacht, welche ihn Gott nahe bringt,
welche ihn mit Gott zu vereinigen strebt,
der wahre, der einzige Grund seiner
Glückseligkeit ist; daß sie ihn vor der
Sünde bewahrt, welche sein größtes Uebel
ist; daß sie ihn gegen das Unheil sichert,
welches das Werk seiner Leidenschaften ist;

daß sie ihn hinsichtlich der übrigen Uebel, der natürlichen wie der durch die Unge= rechtigkeit und die Bosheit seines Gleichen verursachten lehrt, sie durch die Geduld zu überwinden und herrliche Vortheile daraus zu ziehen; daß sie ihn, was die Versuchungen, die Prüfungen und andere übernatürliche Peinen betrifft, mit der Ueberzeugung erfüllt, daß dieß keine Uebel, sondern wahre Güter, Heilmittel, welche seine Sünden sühnen oder ihn da= vor bewahren, Gelegenheiten zur Ausüb= ung der Tugend, Mittel sind, welche ihn heiligen und ihn zur göttlichen Vereinig= ung befähigen. Sie erhebt ihn also über alle menschlichen Zufälle, über jeden Wechsel des geistlichen Lebens, über ihn selbst, und befestigt ihn in einem un= wandelbaren Frieden.

Anderer Seits weiht sich Gott, wel= cher reich an Erbarmung ist, und sich nie an Freigebigkeit übertreffen läßt, gleich= sam demjenigen, der sich ihm weiht; er behandelt ihn als sein Kind; er sorgt für ihn wie für seinen Augapfel (dieß ist der Ausdruck, dessen er sich selbst bedient);

er ertheilt ihm in reichsten Maße seinen
Beistand, seine Tröstungen, seine Gnaden;
kurz er sucht ihn durch die stärksten und
zärtlichsten Beweise zu überzeugen, daß
man Alles gewinnt, wenn man ihm Al=
les opfert, und daß das höchste Glück des
Geschöpfes nur zu finden ist, wenn es
jedes andere Gut und sich selbst verliert,
um sich den Besitz des unendlichen Guts
zu sichern.

Glaubet nicht, daß ich hier die Un=
wahrheit sage oder übertreibe. Seid viel=
mehr fest überzeugt, daß ich noch viel zu
wenig gesagt habe. Die Heiligen bezeugen
euch dieß einstimmig; fraget sie nur. Ihr
habet ihre Schriften, leset sie, und sehet,
ob sie weniger sagen als ich. Es gibt
nicht einen Einzigen, der nicht bezeugt,
daß er glücklich im Dienste Gottes war,
daß er es nie vorher gewesen, und daß
dieß das einzige Mittel ist, um es zu
werden.

Wenn ihr mir saget, ihr genießet die=
ses Glück nicht, obwohl ihr Gott schon
viele Jahre dienet, so kommt dieß eben
daher, weil ihr ihm nicht mit derselben

Grou, Kennzeichen. 7

Hingebung dienet, wie die Heiligen; daher, weil bei euerer Andacht viel Nachläßigkeit, viel Lauheit, viel Eigennützigkeit
stattfindet; daher, weil ihr euch selbst
suchet, statt Gott zu suchen, und weil
die Eigenliebe euch durch die Furcht, durch
die Begierde, durch eitle Sorgen und
thörichte Blicke in die Zukunft, durch das
Murren, durch die innere Auflehnung
und Widerspenstigkeit tyrannisirt, womit
sie sich der Herrschaft der Liebe Gottes
widersetzt.

35.

Ihr verlanget von mir ein Vorbild
der vollkommenen Andacht. Welches andere kann ich euch vorhalten als dasjenige, welches uns Allen in der Person
Jesu Christi gegeben worden ist? Höret
diesen göttlichen Meister, betrachtet seinen
Wandel. Er ist nur auf die Erde herabgekommen, um uns zu lehren, worin die
wahre und die gänzliche Hingebung besteht. Seine ganze himmlische Lehre besteht in der Anweisung zu dieser Hingebung. Sein ganzes Leben ist nur die

unbedingteste, auf die ausgezeichnetste Art ausgeübte Hingebung gewesen.

Schon in dem Augenblicke, wo er in die Welt trat, weihte er sich Gott, seinem Vater, als ein Opferlamm, um die seiner Ehre angethane Schmach wieder gut zu machen, und das Menschengeschlecht mit ihm zu versöhnen. Schon in diesem Augenblicke wurde ihm das große Kreuz, das er tragen sollte, dargeboten, dieses Kreuz erstreckte sich auf sein ganzes Leben und sollte von seiner Krippe an bis zu seinem letzten Seufzer immer härter und schwerer werden. Es vereinigte in einem unbegreiflichen Grade alle Arten von Leiden und von Schmach, die eine von der ganzen Kraft der Gottheit unterstützte Seele ertragen kann; es sollte an ihm alle Geißeln der göttlichen Gerechtigkeit erschöpfen; es sollte allen Strafen gleichkommen und sie übertreffen, welche den ungeheuern und unzähligen Misse-thaten der Menschen gebührten. Seine durch das göttliche Licht unendlich erleuchtete Seele bemaß den Umfang dieses Kreuzes, indem sie ganz genau die ganze

7*

Schwere desselben kannte, die unaus=
sprechlichen Qualen desselben voraussah
und zum Voraus fühlte.

Er nahm es an mit der ganzen Un=
terwerfung, mit der ganzen Liebe, mit
der ganzen Großmuth, deren er als
Gottmensch fähig war. Er hatte es im=
mer vor den Augen seines Geistes; es
war seinem Herzen immer theuer; er
wünschte die Vollendung seines Opfers
immer herbei; und die äußerste Heftig=
keit dieser Wünsche war vielleicht die
größte seiner Qualen. Denn so groß
auch das Uebermaß derselben sein mußte,
seine Liebe ging unvergleichlich weiter und
nöthigte ihn zu dem Verlangen, zur Ehre
seines Vaters und zu unserm Heile noch
mehr zu leiden, wenn es möglich ge=
wesen wäre.

Sehet, das ist das erhabene, das gött=
liche Vorbild der Hingebung; das ist der
wichtigste und wahrste Ausbruck dessen,
was Gott von uns verdient, und des
Dienstes, den wir ihm schuldig sind.
Nur im Hinblicke auf diese außerordent=
liche Hingebung will er sich mit der un=

serigen begnügen, so schwach, so unvoll=
kommen, so unwürdig sie auch seiner
höchsten Majestät ist. Unsere Hingebung
ist, so weit sie auch gehen, und wie
man sie sich auch denken mag, an sich
von keinem Werthe, sie vermag nicht die
kleinste unserer Beleidigungen zu sühnen
und uns nicht den geringsten Grad der
Herrlichkeit zu verdienen. Es gab immer
nur eine einzige Hingebung, die Gott an
sich wohlgefällig war, die Hingebung Jesu
Christi; er nimmt nur diese an, berück=
sichtigt nur diese, durch welche die unserige
ihren ganzen Werth bekommt.

Blicken wir also auf dieses vollkom=
mene und einzige Vorbild und halten
wir vor Allem diese große Wahrheit fest,
daß Gott so sehr über uns erhaben, oder
vielmehr, daß Gott so sehr Alles ist, und
wir so sehr nichts sind, daß wir unmög=
lich durch die ausgedehnteste und groß=
müthigste Hingebung, die sich denken läßt,
ich sage nicht, das, was er mit Recht
von uns erwartet, leisten, sondern nur
irgend Etwas zu thun vermögen, was
einen einzigen von seinen Blicken ver=

dienen und uns nur des geringsten Zeichen seines Wohlwollens würdig machen
könnte.

Haben wir uns dann tief gedemüthigt
und uns mit dem Gefühle unsers Nichts
durchdrungen, so bitten wir ihn, er möge
uns selbst einen Act der Hingebung ein-
sprechen, der ihm angenehm sein könne,
er möge uns diesen Act mit all der
Liebe hervorbringen lassen, deren das
Herz des Menschen fähig ist, und uns
durch die Kraft seiner Gnade in der ge-
treuen und standhaften Vollbringung aller
darin enthaltenen Opfer unterstützen.

Weil wir endlich selber nur ein Nichts,
durch unsern Willen nur Sünde sind,
und nichts Gutes in uns ist, das nicht
eine Gabe Gottes ist, so vereinigen wir
unsere Hingebung mit der Hingebung Jesu
Christi, beschwören wir diesen göttlichen
Erlöser, er möge ihr einige Theilchen von
den Verdiensten der seinigen mittheilen,
sie mit der seinigen seinem Vater darbringen und ihn durch seine allmächtige
Vermittlung bewegen, sie wohlgefällig aufzunehmen.

36.

Dieß ist ohne Zweifel der wesentliche
Punkt, den Act der Hingebung recht zu
begreifen, und ihn in seinem Herzen mit
einem vollen und ganzen Willen zu bil=
den; denn Alles hängt davon ab, daß wir
die Natur und die Eigenschaften unserer
Verpflichtung gegen Gott erkennen, und
Alles, was aus ihr folgt, herzlich gern
thun. Man kann hier wohl sagen, daß
der Anfang die Hälfte des Ganzen ist.

Aber es ist dieß doch nur die Hälfte;
die Ausführung muß nothwendig dazu
kommen. Man wird vielleicht wissen
wollen, welches die Mittel dazu seien.
Ich habe das Nöthige darüber in dem
Büchlein „Geistliche Sinnsprüche" gesagt,
will aber doch hier drei allgemeine Mit=
tel anführen, welche für diejenigen, die sie
anwenden, sehr ersprießlich sein werden.

Das erste ist: man habe seine Hin=
gebung immer vor den Geistesaugen, wie
Jesus Christus. Der Augenblick, wo
man sich weiht, sei es im Gebete oder
in der Communion, ist ein Augenblick

der innersten Herzensbewegung und einer
starken und fühlbaren Gnade. Die Seele
ist alsdann gleichsam außer sich und in
Gott verloren. Allein dieser Augenblick
geht schnell vorüber; der Eifer erkaltet;
der fühlbare Eindruck der Gnade ver=
schwindet, die Seele kommt wieder zu sich
und tritt in ihren gewöhnlichen Zustand
zurück. Tausend unvermeibliche Sorgen,
welche sie zerstreuen, ließen sie den eben
geschlossenen Bund aus den Augen ver=
lieren, wenn sie sich nicht bestrebte, sich
oft daran zu erinnern, ihn zu erneuern
und sich dem Gedanken an ihn zur Ge=
wohnheit zu machen. Dieser Gedanke hält
sie wach, hält sie aufrecht, macht sie un=
verdrossen, erweckt ihren Muth, erfüllt
sie mit Scham, wenn sie träge ist, und
ist zugleich ein Zügel, der sie zurückhält,
und ein Sporn, der sie vorwärts treibt.

Das zweite Mittel ist: man verhalte
sich in allen Dingen nach dem Beispiele
Jesu Christi als eine Gott geweihte Per=
son, d. h. man verfüge nicht mehr über
sich, habe keine Absichten mehr, unter=
nehme nichts mehr, von welcher Art es

auch sei, sondern überlasse sich den Händen Gottes und thue Alles nur auf die
Einsprechung seiner Gnade, da es Gott
nie unterläßt, einer Seele seinen Willen
zu erkennen zu geben, welche entschlossen
ist, ihn zu thun; man erlaube sich keine
Besorgniß, keinen Wunsch hinsichtlich anderer Gegenstände außer denjenigen, welche
den Inhalt unserer Hingebung bilden;
man fürchte unaufhörlich das, was uns
untreu gegen sie machen könnte, und
wünsche heiß, ihr getreu zu bleiben; man
betrachte sich von nun an als unter der
besondern Leitung der Vorsehung stehend;
man überlasse Gott die Sorge für unser
Inneres, ohne uns wegen unsers Zustandes zu beunruhigen, ohne zu viel darüber
nachzudenken, ohne neugierig die Gründe
wissen zu wollen, warum uns dieses oder jenes widerfährt; man nehme eben so dank-
bar an, was uns tröstet, als was uns
betrübt, was uns beunruhigt, als was
uns beruhigt, was uns zuwider, als was
uns angenehm ist, was uns niederschlägt,
als was uns aufrichtet; man glaube un-
erschütterlich fest, daß Gott nur unser

Wohl im Auge hat, und daß, wenn uns nur sein Wille Alles ist, die scheinbar nachtheiligsten Dinge zu unserm Vortheile gereichen werden.

Sich in allen, zeitlichen wie geistlichen Vorkommenheiten auf eine solche Weise zu verhalten, dahin gelangt man nicht durch die Uebung während eines Tages, sondern während des ganzen Lebens. Man muß in dieser Wissenschaft gar lange Zeit ein Lehrling sein, bis man ein Meister wird; und man erlangt nur nach wiederholten Fehlern, wegen welcher man sich bemüthigt und sich bessert, einige Gewandtheit darin. Die festeste Entschlossenheit ist natürlich das Erforderlichste: ohne sie könnte von keiner Hingebung die Rede sein.

Das dritte Mittel ist: man habe immer die Augen auf Jesus Christus gerichtet, um ihm nachzufolgen, und ihn in unserm innern und äußern Verhalten abzubilden; man bitte ihn, er möge selbst sein Bild in uns zeichnen; und man verhalte sich unter seiner Hand wie eine unbewegliche, stark ausgespannte Leinwand, bereit, alle Züge dieses anbetungswür=

bigen Urbildes aufzunehmen. Denn Jesus
Christus selber arbeitet auf unserer Seele,
zeichnet sein eigenes Bildniß darauf, zu
dem er dann die Farben und die zartesten
Pinselstriche, fügt, wenn wir kein Hinderniß entgegen setzen.

Gleichwie Gott die materielle Welt
durch seinen Sohn erschaffen hat, so bildet er auch die geistliche und übernatürliche Welt durch ihn; und diese Welt
wird das, was sie sein soll, nur durch
ihre Aehnlichkeit mit Jesus Christus. Die
Heiligen des alten Testaments haben ihn
vorgebildet; die des neuen haben kein anderes Vorbild; und wenn alle Züge des
Gottmenschen den Absichten des ewigen
Vaters gemäß in den Auserwählten ausgedrückt sind, dann ist das Weltall vollendet. „Diejenigen," sagt der heilige
Paulus, „welche Gott vorhergesehen hat,
die hat er auch vorher bestimmt, dem
Bilde seines Sohnes gleichförmig zu werden (Röm. 8, 29.)."

Brief eines Vaters an seine Tochter, worin er ihr zu ihrer ersten Communion Glück wünscht.

Meine liebe Tochter!

Mit all der Freundschaft und allen den Empfindungen der zärtlichsten Liebe, welche Eltern zu Kindern haben können, mit all der Dankbarkeit gegen Gott, welche dieß große Werk erfordert, wünsche ich, so wie deine Mutter, deine Brüder und Schwestern und deine Verwandten, dir Glück, daß du deine erste Communion gefeiert hast. Wir fanden uns an diesen Tagen Alle vor dem Altare ein, um diesem so guten und so liebreichen Gott für dich zu danken und ihm deine geistlichen und zeitlichen Bedürfnisse zu empfehlen. Wir haben das heilige Meßopfer für dich darbringen lassen. Empfange meine Wünsche nach der Versicherung, daß dir alle deine Verwandten die kleinen Unannehmlichkeiten, welche ihnen deine Jugend verursacht haben mochte, vom Grunde ihres

Herzens verzeihen. Alle verlangen, in innerster Seele erfreut, daß ich dir als Vater eben so in ihrem wie in meinem Namen wünsche, diese erste Communion möge dir nicht bloß zu deinem ewigen Heile dienen, sondern dich auch in diesem sterblichen und unbeständigen Leben recht stark machen. Nun denn, meine liebe Adelaide, derjenige, welchen du empfangen hast, ist nicht bloß dein Gott, sondern er will auch dein Vater, der beste der Väter, sein; halte ihm also dein Versprechen mit aller möglichen Treue; liebe und fürchte ihn immer: er will zudem auch dein bester Freund sein. O, meine liebe Adelaide! er ist ein eifersüchtiger Freund, versäume deine heiligste Pflicht gegen ihn nicht, d. h. liebe ihn. O, welchen Lohn bestimmt er dir alsdann nicht in der Ewigkeit! Du wirst in den liebevollsten Armen eines zärtlichen Vaters und Freundes sein und ewig bleiben, der durch seinen Schweiß und sein Blut Millionen Sterbliche, die alle verloren waren, erkauft hat. Noch tausend und aber tausendmal, meine liebe Adelaide! wünsche

ich dir Glück; doch nicht ich sterblicher
Mensch wünsche es dir, sondern die Engel
wünschen es dir vom Himmel herab, und
ich schließe mich ihnen bloß an. Vergiß
nie diesen so feierlichen und so glücklichen
Tag weder im Leben noch im Tode, weder in der Freude noch in der Traurigkeit, weder in der Einsamkeit noch im
Geräusche der Welt, und wenn mir Gott
die Gnade und das Glück verleiht, daß
ich sterbend dir meinen Segen geben kann,
so nimm dann eine Last von meinem
Herzen, damit ich vor meinem und deinem Richter mit der Zuversicht erscheinen
kann, du habest deine erste Communion
nicht vergessen und werdest sie nie vergessen. Lebe wohl! lebe wohl! meine
theuerste Adelaide! ich umarme dich nicht
bloß als mein Kind, sondern auch als
den Engel des Herrn, der meine ganze
Freundschaft und meine ganze Aufmerksamkeit verdient.

Rath hinsichtlich der Wahl eines Standes.

Gott ist auch der Urheber aller in
der Gesellschaft nothwendigen Stände: es
gibt keinen, den er verwirft, keinen, in
dem man nicht selig werden kann, weil
es keinen gibt, in dem es nicht Heilige
gegeben hat. Damit ist aber nicht gesagt,
daß man unter den verschiedenen Ständen sich irgend einen beliebigen ohne
Prüfung und Unterscheidung aussuchen
und hierin nur aus natürlichen Beweggründen handeln könne.

Welchem Stande du dich auch widmen
magst, der Glaube sagt, daß du nur mit
dem Beistand der Gnade seine Pflichten
erfüllen und seine Gefahren vermeiden
kannst, und daß dir diesen Beistand nur
Gott verleihen kann. Deine Abhängigkeit von Gott und seiner Gnade auferlegt dir also die Pflicht, in einer so wichtigen Angelegenheit, wie die Wahl eines
Standes, in dem man sein Leben zu-
bringen will, ist, Gott um Rath zu fragen und seinem Willen zu folgen. Wie

dürfteſt du auch auf beſondere Gnaden rechnen, um die Pflichten eines Standes erfüllen, ſeine Gefahren vermeiden und ſeine Laſten ertragen zu können, den du, ohne Gott um Rath gefragt zu haben, und ohne ſeine Einſprechungen erwählt hätteſt?

Das fünfzehnte oder ſechzehnte Jahr iſt gewöhnlich die Zeit, wo man in dieſer ſo wichtigen Sache einen Entſchluß zu faſſen hat. Das Erſte nun, was du zu thun haſt, um keinen Mißgriff zu thun, iſt, daß du dich mit Gott verſöhneſt. Ein durch die Finſterniß der Sünde ver= dunkelter Geiſt iſt nicht wohl fähig, ſeine Erleuchtungen bekommen zu können. Bringe alſo dein Gewiſſen in Ordnung, und laſſe dir hinreichend Zeit, z. B. ein halbes oder auch ein ganzes Jahr, um den Willen Gottes erfahren zu können, ehe du dich entſchließeſt.

Während dieſes Zeitraumes bringe keinen Tag zu, ohne einmal oder wieder= holt dieſe Bitte Davids an Gott zu rich= ten: Herr zeige mir den Weg, auf dem du willſt, daß ich wandeln·

soll! Dieß muß aber mit einem wahr=
haftigen und aufrichtigen Verlangen, sei=
nen heiligen und göttlichen Willen kennen
zu lernen, geschehen. Thue diese Bitte
auch in der Messe, in dem kostbarsten
Augenblicke, der auf die Elevation folgt.
Communizire oft in dieser Absicht, und
verbinde mit deinen Communionen alle
die guten Werke, welche du in deinen
Verhältnissen auszuüben vermagst.

Erwarte übrigens nicht, daß Gott ein
Wunder thun werde, um dir den Stand
anzuzeigen, den er dir bestimmt. Wenn
er dieß bei einigen Heiligen gethan hat,
so ist dieß eben eine besondere Gnade,
auf welche du keinen rechtlichen Anspruch
hast. Der Engel, den er dir sendet, um
dich zu entscheiden, wird ein Beichtvater
sein, dem du mit aller Aufrichtigkeit deine
Wünsche, deine Neigungen, deine Leiden=
schaften, kurz Alles offenbarest, was dich
vollkommen zu erkennen geben kann: wende
dich aber ja an einen weisen, erleuchteten,
uneigennützigen Beichtvater. Es hat Per=
sonen gegeben, welche, um versicherter zu
sein, daß ja kein Vorurtheil in einer so

wichtigen Entscheidung irgend einen Einfluß habe, unter einem entlehnten Namen
einen oder zwei durch ihre Tugenden und
ihre Erleuchtungen bekannte Leiter schrift-
lich um Rath fragten. Es ist dieß auch
manchmal sehr anzurathen; allein es wird
dabei vorausgesetzt, daß man sich bereits
auf einer gewissen Stufe der Bildung be-
finde und im Stande sei, in einem aus-
führlichen Schreiben den Mann, welchen
man um Rath fragt, von Allem gründlich in Kenntniß zu setzen, was zu einer
richtigen Entscheidung erforderlich ist.

Hast du nun dieß mit aller Offenheit gethan, so erwarte mit Geduld und
in einem christlichen Lebenswandel die
Augenblicke, welche die Vorsehung bezeichnen wird, damit du denjenigen, von welchen du abhängst, die Absichten Gottes
mit dir auf geeignete Weise offenbaren
könnest; gegen andere Personen aber verfahre hierin mit recht viel Vorsicht. Er-
trage es mit Ruhe und Muth, wenn
man die Erfüllung deiner Wünsche ver-
zögert, und es überrasche dich nicht und
schrecke dich nicht ab, wenn christliche El-

tern nicht gleich in deine Absichten ein=
gehen, sondern eine gewisse Zeit lang die
Festigkeit deiner Vorsätze prüfen.

Gebet.

O Gott, mein Schöpfer und mein
Vater! ich bin dein, und ich kann nur
von dir die Gnade erwarten, welche ich
nöthig habe, um mein Heil wirken zu
können; aber ich fühle zugleich auch, daß
es Vermessenheit wäre, auf besondere
Gnaden zu rechnen, wenn ich mich gegen
deinen Willen irgend einem Stande wid=
mete. Zeige mir also, o mein Gott!
den Weg, auf welchem du willst, daß ich
wandeln soll; verleihe mir die nothwendige
Geradheit und Aufrichtigkeit der Absicht,
damit du mich erhören könnest. Ja, gib
mir deinen Willen zu erkennen, dann bin
ich mit deinem Beistande bereit, wie sehr
sich auch die Natur dagegen sträuben
mag, Alles zu verlassen, um dir zu fol=
gen. Bewahre mich aber auch, o mein
Gott! vor dem Unglücke, mich gegen deine
Absichten in irgend Etwas einzulassen,
dem meine Schwachheit nicht gewachsen

ist, und Verbindlichkeiten einzugehen,
welche die Ursache meines Verderbens
werden könnten, wenn ich nicht den Muth
hätte, sie zu erfüllen. Ich weiß, daß ich
auch in der Welt heilig werden kann,
wenn du mich führest, und daß ich sehr
Gefahr laufen kann, selbst in den heiligsten Ständen verloren zu gehen, wenn
du mich nicht führest. Sprich also,
Herr; dein Diener hört; mache
beine Stimme meinem Herzen recht ver-
nehmlich, damit ich an deinen Absichten
mit mir nicht zweifeln kann. Ich bitte
dich darum durch das Blut, das du zu
meinem Heile vergossen hast, durch die
Fürbitte der heiligsten Jungfrau und des
heiligen Engels, der mich bis zum Tode
auf dem Wege führen soll, den du mir
zeigen wirst. Amen.

Verhaltungsregeln für alle Stände.

1. In welchem Stande du dich auch
befinden magst, gib dich bei allen Gelegenheiten durch eine aufrichtige Anhänglichkeit an die Würde eines katholischen

Christen zu erkennen, welche dich auszeichnet. Lasse dich nicht herbei, auf eine
unbedachtsame Weise über die Religion
zu sprechen; Jedermann aber, der mit
dir umgeht, erfahre es, daß du, so wenig du auch deine Kenntnisse zur Schau
tragen magst, in jedem Falle so gut unterrichtet und so fest gegründet bist, daß
nichts auf dich einen Eindruck machen
kann, was irgend gegen die Religion und
die Kirche gesprochen werden mag.

2. Diene Gott als dem besten der
Väter mit den Gesinnungen eines wohl-
gearteten Kindes. Es gibt noch immer
Christen, welche ihm als einem furchtbaren Herrn, als einem schrecklichen Richter dienen; sie haben ihn noch nie anders als mit den Donnerkeilen in der
Hand betrachtet. Daher kommt der
Mangel an Vertrauen, die Niedergeschla-
genheit, der Kleinmuth, die Gewissens-
ängsten, welche sie in seinem Dienste
fühlen. Sieh du in Gott nur einen
Vater, und du wirst nichts von dem
Allem erfahren.

3. Sei wahrhaftig ein Christ, und

habe den Muth, dich als solchen zu zeigen. Wenn du auch aus Demuth und
Klugheit manches Unwesentliche verschwei-
gen kannst, so darfst du doch nie aus
Furcht, den Menschen zu mißfallen, eine
Pflicht außer Acht lassen oder das Beispiel vergessen, welches du dem Nächsten
geben mußt. Bedenke es wohl, die menschliche Rücksicht kann nur so viel Gewalt
über dich haben, als du ihr selber durch
eine feige Furchtsamkeit einräumest. Sobald die Feinde der Frömmigkeit merken,
daß ihre Reden keinen Eindruck auf dich
machen, so unterlassen sie dieselben und
können nicht umhin, dich zu achten.

4. Hüte dich vor dem Irrthume, den
man vielen frommen Personen vorwirft,
daß nämlich die Tugend in kleinen Uebungen bestehe. Du sollst richtiger denken
und, so sehr du auch alle frommen Uebungen, selbst die minder wichtigen, ach-
test, doch nie vergessen, daß darin die
Tugend nicht bestehe. Du kannst oft
beichten, viele Gebete verrichten, häufig
communiziren, und doch sehr wenig Tugend besitzen. Du kannst zur Vollkom-

menheit nur gelangen, wenn du unab-
läßig bestrebt bist, dich zu überwinden.

5. Vermeide einen Irrthum, der bei
den Personen, die nach der Heiligkeit
streben, noch sehr häufig ist. Die meisten
meinen, sie müsse in großen und außerordentlichen Dingen bestehen. Setze du
die deinige richtiger in die Erfüllung der
Pflichten deines Standes. Was es auch
für einer sei, unterlasse nicht, was räth-
lich, thue aber zuerst, was geboten ist.
Die Frömmigkeit sei für dich ein Beweggrund, deine Pflichten so vollkommen als
nur irgend möglich zu erfüllen; hältst du
daran fest, dann sei überzeugt, daß du
ein großer Heiliger werden kannst.

6. Mache die Tugend dadurch ehrwürdig, daß du die Mängel vermeidest,
welche sie verunehren, wenn sie an sonst
tugendhaften Personen wahrgenommen werden. Was die Welt auch davon sagen
mag, es kann Tugend bei einer Person
stattfinden, welche viel spricht, welche zu
sehr damit beschäftigt ist, sich zu schmücken,
oder zu sehr für sich eingenommen, oder
der Unbeständigkeit und der Launenhaftig-

keit unterworfen, oder übertrieben spar=
sam ist: es kann Tugend bei einer un=
ruhigen Gemüthsart, und die allzu ge=
neigt ist, sich in fremde Angelegenheiten
zu mischen, stattfinden. Allein man muß
zugeben, daß die Tugend nie durch der=
artige Personen ehrwürdig gemacht wer=
den wird.

7. Mache die Tugend durch die Art
und Weise, wie du sie ausübest, liebens=
würdig. Sie flöße dir nichts von einem
bittern Eifer, von einer Tadelsucht ein:
sie zeige an dir nichts Finsteres, Scheues,
nehme nicht leicht ein Aergerniß, sei keine
Feindin unschuldiger Vergnügungen. Mache
dir die leichteste Umgänglichkeit zum Ge=
setze: gehe in deiner Dienstfertigkeit so
weit, als es eine erleuchtete Religion ge=
stattet. Die Personen, welche mit dir
leben, sollen eben so wie die fremden,
die dich besuchen, dir das doppelte Zeug=
niß geben können, daß du die frömmste,
und zugleich auch die liebenswürdigste
Person bist.

8. Du wirst die Tugend nicht bloß
ehrwürdig und liebenswürdig, sondern ge=

wiſſer Maßen ſelbſt anbetungswürdig machen, wenn ſie in deiner Perſon die Güte
und die Wohlthätigkeit zu Grundzügen
hat. Man ſoll Niemand nennen können,
dem du nur im Mindeſten beſchwerlich
gefallen biſt, wenn dich nicht deine Pflicht
dazu nöthigte; man ſoll nur ſagen können, daß Jedermann ſich in deiner Nähe
wohl gefühlt hat. Ein Unglücklicher ſei
für dich etwas Heiliges; und wenn du
ihm auch nicht helfen kannſt, ſo finde er
wenigſtens immer ein liebevolles und theil-
nehmendes Herz in dir.

9. Sollteſt du je ſo unglücklich ſein
(was Gott verhüten möge), daß du dich
von dem Herrn, deinem Gott, entferneſt,
ſo ſuche wenigſtens dem noch größern zu
entgehen, daß es dir in den Sinn kommt,
deine Verirrungen in deinen eigenen Augen rechtfertigen zu wollen. Achte ſelbſt
mittten unter deinen Verirrungen den
Grundſatz, welchem du nicht mehr folgeſt.
Bleibe wenigſtens noch ſo rechtſchaffen,
daß du dich ſelbſt verdammeſt. Wünſche
die Tage deiner Unſchuld zurück: habe
den Muth, die Tugend ſelbſt zu der Zeit

zu achten und zu loben, wo du sie nicht ausübest. Da du alsdann vielleicht zu schwach bist, um das Heilmittel gegen dein Uebel zu suchen, so vergesse dich wenigstens nie so sehr, um dich mit einem verächtlichen Lächeln von einem Freunde abzuwenden, der sich bemüht, dich zu bewegen, du mögest in dich gehen. Die Verirrung des Herzens kann Mitleid verdienen: bei der Verirrung des Geistes ist fast keine Rettung mehr.

Allgemeiner Grundsatz hinsichtlich der Andacht.

Du magst ruhen oder thätig sein, habe immer eine reine Absicht: fern sei von dir eine Andacht ohne Einfalt, ohne Geradheit.

Ist dein Auge einfältig, sagt Jesus Christus, so wird dein ganzer Leib erleuchtet sein (Matth. 6, 22.). Alle heiligen Väter haben diesen Ausspruch auf die Reinheit der Absicht bezogen, nämlich, wenn unsere Absichten rein sind, so werden unsere Handlungen

heilig sein. Gleichwie das Auge der
Führer und gewisser Maßen das Licht
des Leibes ist, dessen Bewegungen es erleuchtet und leitet, so ist die Absicht das
Licht der Seele; sie führt sie in ihren
Handlungen, und gibt ihnen das, was
sie gut oder bös macht, d. h. den moralischen Werth. Da also die Heiligkeit
der Handlungen von der Reinheit der
Absicht abhängt, so muß uns Alles daran
liegen, uns von dieser zu versichern; sie
recht zu erkennen, ist aber sehr schwer.

Die Absicht ist das Tiefinnerste des
menschlichen Herzens. Man muß also,
um sie so deutlich als möglich zu erkennen, daran gewöhnt sein, über sich selbst
nachzudenken, von sich eine genaue Rechenschaft über seine geheimen Beweggründe zu verlangen und in die verbor-
gensten Falten der Seele einzubringen.
Dieß geschieht nun von sehr wenigen
Personen, und kann in den übernatürlichen Dingen auch nur mittels des göttlichen Lichtes geschehen, um das man beständig bitten muß.

Uns die Absicht zu verbergen, dieß ist

8*

das Hauptbestreben der Eigenliebe, weil
ihr eben daran gar Vieles liegt; und
leider gelingt ihr dieß nur zu sehr. Man
täuscht sich, man betrügt sich selber in
unzähligen Dingen, und obwohl man sich
nur täuscht, weil man will, so geschieht
dieß doch auf eine so feine Weise, daß
man es kaum bemerkt. Wenige Men=
schen sind in Allem gegen sich selber auf=
richtig; und gerade uns selber müssen
wir am Meisten mißtrauen. Man muß
folglich gegen die Schlauheiten der Eigen=
liebe recht auf seiner Hut sein, welche
hinsichtlich der Frömmigkeit weit häufiger
sind als in jeder andern Hinsicht. Wer
aber ist beständig auf seiner Hut gegen
diesen Feind? Wer ist, ich sage nicht im=
mer, sondern nur in den meisten Fällen
gegen seine Ueberraschungen gesichert?

Wenn es zur gründlichen Selbstkennt=
niß nothwendig ist, den wahren Beweg=
grund Alles dessen, was man thut, zu
erforschen, und wenn wir, da wir von
Grund aus böse und verderbt sind, so
viel Ursache haben, ihn uns zu verhehlen
und zu verbergen, wie selten sind dann

die Menschen und insbesondere die Christen, welche eine wahrhaftige Selbstkenntniß haben? Wer rühmt sich nicht für
sich einer Tugend, die er nicht hat, oder
wer gesteht sich alle Laster und alle
Mängel, die er hat? Und woher kommen
unsere Irrthümer in dieser Hinsicht sonst,
als daher, weil man sich seine Beweggründe und seine Absichten verbirgt?

Um es kurz zu sagen, nur Gott allein kennt uns vollkommen, und zwar im
wesentlichsten Punkte, nämlich ob wir in
seinen Augen der Liebe oder des Hasses
würdig sind. Wir können nicht einmal
von einer einzigen unserer Handlungen
mit Gewißheit sagen, ob sie ihm wohlgefällig sei. In dieser Ungewißheit werden
wir unser ganzes Leben lang bleiben, und
es wird uns folglich immer unmöglich
sein, über die Reinheit unserer Absichten
mit einer völligen Gewißheit zu entscheiden. Denn wenn wir versichert wären,
daß sie rein sind, so wären wir es auch
von der Heiligkeit unserer Handlungen,
und folglich auch nothwendig, daß wir
uns im Stande der Gnade befinden.

Eben deßhalb müssen wir immer mit
David sprechen: Reinige mich von
meinen verborgenen Fehlern (Pf.
18, 15.); und rief dieser heilige Prophet
mit Recht aus: Wer hat eine vollkommene Kenntniß seiner Sün-
den? Es ist dieß eine an sich sehr nie-
derbeugende und für die Eigenliebe untröstlich machende Wahrheit, welche sich
immer sicher zu stellen sucht. Allein in
der Absicht Gottes soll sie uns nur bemüthigen, und nicht zur Verzweiflung
bringen. Wann man es in diesem Punkte
auch nicht bis zu einer unzweifelhaften
Gewißheit bringen kann, so kann man
doch wenigstens durch aufrichtige Selbst-
erforschung und Demüthigung vor Gott
eine moralische Gewißheit erlangen, welche
zu unserer Beruhigung hinreicht; um sich
aber diese zu verschaffen, darf man auch
nichts unterlassen.

Was ist nun die Reinheit der Absicht? Sie ist ein Streben, das einzig
und allein auf Gott gerichtet und fern
von aller eigenen Rücksicht ist. Ist die
Absicht nicht rein, so ist sie deßhalb noch

nicht immer nothwendig bös: ja es ist oft der Fall, daß die Hauptabsicht gut ist, aber durch eine dazu kommende Nebenabsicht befleckt wird. Ein Diener des Herrn will bei seinem apostolischen Wirken hauptsächlich die Ehre Gottes; allein er ist für den Beifall der Menschen nicht unempfindlich. Das reicht nun aber in den unendlich reinen Augen der Gottheit hin, daß unsere erste Absicht und folglich auch die geschehene Handlung nicht ganz heilig und vorwurfsfrei seien.

Schließen wir Christen, die wir alle unvollkommen sind, hieraus auf das unwahrnehmbare Böse, das sich fast in alle unsere Handlungen einschleicht. Ich will hier nicht weiter in die Sache eingehen; aber wie weit entfernt wären wir nicht, irgend ein eitles Wohlgefallen an uns selbst zu haben, wenn wir von dieser Wahrheit recht durchdrungen wären! Und eben dieß ist der Wille Gottes; denn er macht uns nur durch die Demuth, und nicht durch das Vertrauen auf unsere Verdienste selig. Es zitterten daher die Heiligen, welche davon recht durchdrungen

waren, wie Job, wegen aller ihrer Handlungen; und der heilige Augustin rief
selbst hinsichtlich seiner Mutter Monica
aus: Wehe, o mein Gott, dem
preiswürdigsten Leben, wenn du
es ohne Erbarmung richtest!

Und was muß man thun, um sich
diese kostbare Reinheit der Absicht zu
verschaffen? Man muß immer das Auge
auf die Beweggründe geöffnet haben, um
nicht bloß den offenbar bösen, sondern
auch den unvollkommenen keinen Einfluß
zu gestatten. Das Unvollkommene in unsern Beweggründen erkennen wir nun
aber nur, wenn wir in der Selbster-
forschung Fortschritte machen, und wenn
unsere geistlichen Erleuchtungen zunehmen.
Gott vermehrt unsere Erleuchtungen nur
allmählig, wenn er sieht, daß wir einen
guten Gebrauch davon machen; er richtet
sie nach unsern gegenwärtigen Bedürfnissen und nach dem wirklichen Grade
der Reinheit ein, die er von uns verlangt. Durch sie erkennt man mit der
Zeit in seinen Absichten Unvollkommenheiten, die man früher nicht bemerkte,

und die uns Gott selber verbarg. Denn
welcher Anfänger, und hätte er auch den
besten Willen, könnte den Anblick der
Handlungen ertragen, welche er für die
besten hält, wenn Gott sie ihm so zeigte,
wie er sie selber sieht? Er würde da=
durch gänzlich entmuthigt werden. Einigen
Heiligen hat Gott diese Gnade erwiesen,
und sie wurden dadurch auf's Aeußerste
beschämt und zur größten Selbstveracht=
ung bewogen. Es ist aber nicht Jeder=
mann fähig, solche Auszeichnungen zu er=
tragen.

Um mich verständlicher zu machen,
so will ich ein Beispiel von solchen un=
vollkommenen Absichten geben. Gott be=
streut den Eingang des geistlichen Lebens
gewöhnlich mit Blumen; er übergießt ihn
mit Süßigkeiten und Tröstungen im reich=
sten Maße, um die Seele von Allem los=
zumachen, was nicht Er ist, und um ihr
die Uebungen des innern Lebens zu er=
leichtern, die sie außerdem zurückschrecken
würden. Die Seele, welche noch nie et=
was so Köstliches erfahren hat, ist sehr
dafür eingenommen. Für den Genuß

8**

dieser Süßigkeiten entsagt sie Allem, weiht
sie sich der Betrachtung und der Abtödt=
ung der Sinne: sie ist nur gern mit
Gott allein; Alles, was sie von einer so
süßen Gesellschaft abzieht, ist ihr uner=
träglich. Wenn sich Gott eine Zeit lang
entfernt, so ist sie trostlos, sie ruft nach
ihm, um ihn zur Rückkehr zu bewegen;
sie sucht ihn mit Unruhe und gibt sich
nicht eher zufrieden, als bis sie ihn ge=
funden hat.

Darin liegt ohne Widerrede viel Un=
vollkommenheit. Ihr Beweggrund ist gut:
sie sucht ja Gott; allein dieser Beweg=
grund ist nicht rein, weil sie eben doch
mehr die geistlichen Süßigkeiten und den
sinnlichen Genuß Gottes sucht. Zu der
Zeit jedoch sieht sie diese Unvollkommen=
heit nicht ein. Gott selbst verbirgt sie
ihr, und es wäre eine Unklugheit von
dem Leiter, sie ihr aufzudecken. Ist sie
aber eine Zeit lang mit dieser Milch ge=
nährt worden, und hat sie Kräfte erlangt,
dann entfernt sich Gott für längere Zeit,
ja gewöhnlich. Nun wird sie erleuchtet,
um einsehen zu können, daß ihre Absicht

bisher nicht rein war; und sie lernt all=
mählig Gott um seiner selbst willen die=
nen, und nicht wegen seiner Gaben.
Diese Erleuchtung, welche im Anfange
für sie schädlich gewesen wäre, ist nun
für sie nützlich, und sie bedient sich der=
selben, um ihre Beweggründe zu reinigen.
So bekommt sie denn bei jedem verän=
derten Zustande eine neue, welche ihr die
Unvollkommenheiten des frühern Zustandes
aufdeckt.

Man braucht also, ohne sich zu ängst=
lich zu bemühen, seine Absichten zu er=
forschen, nur die Erleuchtung zu benützen,
welche uns Gott verleiht. Aber man
muß sie auch mit großer Gewissenhaftig=
keit zu Rathe ziehen nnd ihr folgen; man
muß ohne Zaudern jede Beimischung ver=
werfen, deren Unreinheit sie uns zeigt.
Dadurch gelangt man stufenweise zu einer
mehr oder minder großen Reinheit der
Absicht je nach den Absichten, die Gott
mit uns hat. Denn die Reinheit der
Absicht ist eben das Maß der Heiligkeit;
und diese Reinheit ist dem Grade der
Erleuchtung, welche uns Gott mittheilt,

und der Treue angemessen, womit man ihr entspricht. Gott betrachtet in der That nicht unsere Handlungen an sich, sondern ihre Beweggründe, und von diesen bekommen sie auch allein ihr ganzes Verdienst. Eben deßhalb hatte die geringste Handlung der heiligen Jungfrau in den Augen Gottes einen größern Werth als die erhabensten Werke der übrigen Heiligen, weil ihre Absicht unvergleichlich rein war.

Die Einfalt ist mit der Reinheit der Absicht schlechthin Eins. Daher sagte auch Jesus Christus: Wenn dein Auge einfältig ist, d. h. wenn dein Blick nicht zweifach ist und nur auf einen einzigen Gegenstand, nämlich auf Gott sieht. Ich könnte also hinsichtlich der Einfalt schweigen und es bei dem bewenden lassen, was so eben von der Reinheit der Absicht gesagt worden ist. Ich will jedoch zeigen, daß die Einfalt, von der Wenige einen richtigen Begriff haben, die Vollkommenheit vorzugsweise und die Wurzel aller Vollkommenheit ist. Wir müssen deßhalb bis zu Gott selbst zurückgehen und sie vor Allem in ihm betrachten.

Nur was unendlich, ist vollkommen einfach, und nur was vollkommen einfach, ist unendlich. Alles, was endlich, ist vielfach oder zusammengesetzt, und Alles, was vielfach, ist endlich. Dieß erleidet keine Ausnahme. Die vollkommene Einfalt kommt also nur Gott zu, und von ihr schließt man auf die Unendlichkeit seiner Vollkommenheiten. Das Wesen Gottes ist unermeßlich deßhalb, weil er einfach ist und Alles in Allem ohne Ausdehnung und ohne Theilung. Seine Ewigkeit ist unendlich, weil sie einfach ist, indem sie keinen Anfang, keine Mitte, kein Ende hat und selbst den Begriff der Dauer ausschließt, welche eine Aufeinanderfolge von Augenblicken ausdrückt: seine Macht ist unendlich, weil sie einfach ist, indem sie sich auf Alles erstreckt, was möglich ist, und dessen Dasein keinen Widerspruch enthält, und indem sie ohne alle Anstrengung, durch einen bloßen Act des Willens ausgeübt wird. Seine Weisheit ist unendlich, weil sie einfach ist und in einem einzigen Begriffe besteht, welches der Begriff Gott selber ist, worin er

immer Alles steht, was gewesen ist, was
ist und sein wird, und Alles, was in der
Ordnung der möglichen Dinge bleiben
muß. Das Wesen Gottes selbst ist unendlich, weil es einfach ist; in ihm ist
das Wesen das Dasein: die Eigenschaften sind unter sich und mit dem Wesen
Eins, da sie nur durch Bestimmungen
verschieden sind, die wir uns nach unserer
schwachen Auffassungsweise vorstellen. In
ihm ist ferner die Macht ein Act, und
das Vermögen Ausübung, so daß der
göttliche Verstand ein Verstehen und der
göttliche Wille ein ewiges Wollen ist.

Dasselbe gilt von den moralischen
Eigenschaften. Obwohl in ihren Wirkungen endlich in Bezug auf uns, sind sie
wegen ihrer Einfachheit unendlich an sich,
z. B. die Heiligkeit, die Weisheit, die
Güte, die Gerechtigkeit, die Erbarmung.
Auch der Zweck, den er sich in allen seinen Werken vorsetzt, ist unendlich, weil
er einfach ist, nämlich seine Ehre, auf
die sich nothwendig Alles beziehen muß.
Die im Denken geübten Geister können
das eben Angedeutete weiter verfolgen.

Da nun die Einfachheit das Haupt-
merkmal der Vollkommenheiten Gottes,
seiner Absichten und seiner Wirkungen ist,
so darf es nicht Wunder nehmen, daß sie
auch am Meisten zur Vollkommenheit der
vernünftigen Creatur beiträgt. Von der
physischen Einfachheit kann bei ihr keine
Rede sein, weil sie wesentlich endlich ist;
aber sie ist der moralischen Einfachheit
fähig, und nach ihr muß sie mit allen
ihren Kräften streben.

Diese Einfachheit läuft bei ihr auf
einen einzigen Punkt hinaus, welcher darin besteht, daß sie nur Gott zur Richtschnur ihrer Begriffe und ihrer Urtheile,
zum Gegenstande ihrer Wünsche, zum
Zwecke ihrer Handlungen und ihrer Leiden hat, Alles auf ihn bezieht, sein Wohlgefallen Allem vorzieht, in Allem nur
seinen Willen sieht und befolgt. Es sind
also in wenigen Worten sehr viele Dinge
enthalten. Die Seele ist wahrhaft einfach, wenn sie zu diesem einzigen Hinblicke auf Gott gelangt ist, und sie wird
in der Einheit vollendet. Eine unaus-
sprechliche Einheit, welche uns durch die

9*

vollkommenste moralische Vereinigung mit
demjenigen, welcher auf's Vollkommenste
und unbedingt Eins ist, gewisser Maßen
vergöttlicht. Eine mit Einem, sagte
unaufhörlich ein berühmter Beschaulicher.
Welch großer Sinn liegt in diesem kurzen
Worte! Die ganze Wahrheit, die ganze
Vollkommenheit der Heiligkeit ist darin
ausgedrückt, so wie die ganze Glückseligkeit, deren Quelle sie ist. Gott ist Eins
in einer Einheit, die nur ihm zukommt
und zukommen kann. Er ist Eins, und
er führt Alles nothwendig zu seiner Einheit zurück; er ist Eins, und er heiligt
Alles durch die Theilnahme an seiner Einheit; er ist Eins, und alle Creaturen,
welche fähig sind, glückselig zu sein, sind
es nur durch den Besitz seiner Einheit.
Die Seele muß also, um heilig, um
glückselig zu sein, dadurch Eins sein, daß
sie mit ihrem Geiste und ihrem Herzen
ihm allein anhangt, für ihn allein ohne
alle Rücksicht auf sich da ist. Wenn sie
nebst Gott auf sich selbst in was nur
irgend mit einem Blicke sieht, der sie von
Gott unterscheidet, so ist sie moralisch

nicht mehr Eins und nicht mehr einfach, sondern sie ist doppelt, weil sie zwei Zwecke hat; und so lange sie in diesem Zustande ist, ist es unmöglich, daß sie unmittelbar mit Gott vereinigt sei: sie ist es hienieden nicht durch den Glauben, und sie wird es auch im andern Leben erst sein, wenn das reinigende Feuer sie von aller Vielfachheit befreit hat.

Wenn wir nach der Heiligkeit, nach der Glückseligkeit streben, so müssen wir also nach der Einfachheit und der Einheit streben. Suchen wir daher unsere Absichten zu reinigen, indem wir sie auf den einzigen Hinblick auf Gott beschränken. Vergessen wir uns, um nur mehr an ihn zu denken. Haben wir keinen andern Willen als den seinigen, keine anderen Angelegenheiten als die seinigen. Suchen wir nur seine Ehre, und seine Glückseligkeit sei die unserige. Das ist der Stand der Seligen. Wir werden Gott nur anschauen und genießen dürfen, wenn wir uns in diesem Zustande befinden: suchen wir uns ihn auf Erden anzueignen, so sehr wir dessen fähig sind.

Aber ach! was können wir zur Erwerbung dieser erhabenen Einfachheit thun,
deren bloße Vorstellung über alle unsere
Begriffe hinausgeht? Bitten wir das unendlich heilige Wesen, es möge selbst diese
Einfachheit in uns bewirken; weihen wir
uns, ergeben wir uns ihm ganz und gar
in dieser Absicht. Durch alle unsere Bemühungen werden wir uns nie von der
Vielfachheit befreien. Je mehr aber Gott
in uns wirken wird, und je unbedingter
wir uns den Wirkungen der Gnade unterwerfen, desto mehr Fortschritte werden
wir in der Einfachheit machen, ohne daß
wir es wahrnehmen, ohne daß wir nur
darauf sehen wollen.

Wir werden einfach in unserm Verstande sein, aus dem Gott so viele Vorurtheile, so viele ungewisse Meinungen, so
viele Zweifel, so viele falsche Urtheile verbannen wird, um seine ganz einfache
Wahrheit an ihre Stelle zu setzen: aus
dem er ferner die Betrachtungen, die
Blicke in die Zukunft, das Mißtrauen,
den Argwohn, diese Ausgeburten einer
falschen Klugheit, entfernen wird, indem

er allmählig unsere vielfachen Urtheile
auf einen einfachen Verstandesblick beschränken wird.

Einfach in unserm Willen, der nur
mehr einen einzigen Wunsch, eine einzige
Furcht, eine einzige Liebe, einen einzigen
Haß und einen einzigen Gegenstand sei-
ner Zuneigungen haben, und nach diesem
Gegenstande mit einer unwandelbaren
Geradheit, mit einer Macht streben wird,
die nichts vermindern kann.

Einfach in den Tugenden, welche sich
alle in der Liebe vereinigen und sich mit
ihr verschmelzen werden, so weit dieß der
Zustand des gegenwärtigen Lebens zuläßt.
Einfach im Gebete, das gleichsam nur
ein einziger Act sein wird, der alle Acte
im höchsten Grade enthält. Einfach endlich im Wandel, der immer derselbe, immer gleichförmig, immer gerade und wahr
sein, immer von demselben Grundsatze
ausgehen und immer demselben Ziele zu-
streben wird.

Auch die Geradheit, von der ich noch
zu sprechen habe, ist nur unter einem
andern Namen die Reinheit der Absicht

unb bie Einfachheit. Daher nennt bie
Schrift Job, indem sie biese zwei Lob=
sprüche mit einander verbindet, einen
einfachen Mann, ber ein ge=
rabes Herz hat (Job. 11.). Die
Seele ist in ber That gerabe, wenn sie
einer einfachen Regel folgt, bie keine an=
bere wird, nicht abweicht, unb wenn sie
sich nie bavon abwendet; wenn ihre
Richtung immer bieselbe ist, unb wenn
sie wie bie gerabe Linie auf dem kürzesten
Wege nach ihrem Mittelpunkte strebt.
Dieser Mittelpunkt ber Seele ist Gott,
ber ihr ein innerstes Streben nach ihm
verliehen hat, ein Streben, bas, so lange
sie es beobachtet, sie in ber Unschulb unb
im Frieden erhält, unb von bem sie nicht
abweichen kann, ohne in bie Sünbe unb
in bie Unruhe zu gerathen.

Sie weicht aber nur bavon ab, wenn
sie sich auf sich selbst zurückwendet unb
zurückkrümmt, unb sich so einen anbern
Mittelpunkt unb eine andere Richtung
gibt: baburch verliert sie ihre ursprüngliche Gerabheit. Sie hat eine Bewegung
bekommen: sie gibt sich selber eine andere

nach der entgegengesetzten Richtung; dieß
entfernt ſie durch eine Reihe von Abweichungen von Gott und führt ſie zu
ſich ſelbſt zurück.

Gott hatte den Menſchen gerade
erſchaffen, wie die Schrift (Eccl. 8,
30.) ſagt, und ihm einzig ſich zugewendet
mit einem geheimen Hange, ſich ihm zu
nahen und ſich mit ihm zu vereinigen;
allein durch ſeine gründliche Unvollkommenheit konnte der Menſch nach ſich ſelber ſtreben; er bekam die Verſuchung
dazu, und er unterlag ihr. Daher kommt
die Erbſünde und ihre Folgen, wodurch
dieſes Streben nach uns ſelbſt eine unge-
heuere Gewalt bekommen hat, der wir
ohne die Gnade, welche uns zu Gott ruft,
nothwendig nachgeben müſſen.

Ich weiß es, daß der Menſch, ſo
lange er die heiligende Gnade bewahrt,
die weſentliche, nothwendige und zum Heile
hinreichende Geradheit nicht verliert. Allein jede Rückſicht der Eigenliebe, jedes
Wohlgefallen an ſich ſelbſt, jedes Streben
nach ſeinem Vortheile, abſehend von der
Sache Gottes, iſt eine Beeinträchtigung

dieser Geradheit, ein Abweichen nach Links, ein geringes vielleicht, dessen Folgen aber bennoch sehr traurig werden können. Die Gefahr der geringsten Abweichung besteht in zwei Dingen: erstens, wir können nie von selber zu unserer ersten Geradheit zurückkehren, so wenig wir uns auch davon entfernt haben mögen; zweitens, es steht nicht in unserm Vermögen, stehen zu bleiben, oder nur bis zu einem gewissen Punkte abzuweichen: diese zwei Betracht- ungen sollen uns zu dem festesten Vor- satze bewegen, nie wissentlich auch nur einen einzigen Schritt von dem geraden Wege ab zu thun.

Bewahren wir also, so viel an uns liegt, die Geradheit, welche uns Gott wieder verliehen hat: fürchten wir, sie nur im Allerminbesten zu veränbern: seien wir auf der Hut gegen unsere na- türlichen Neigungen, welche nur dahin streben, sie zu krümmen und ihr eine andere Richtung zu geben. Eben hierin sind wir unsere gefährlichsten und unsere tödtlichsten Feinde, weil wir uns auf eine verberbliche Weise lieben, indem wir eine

geheime Neigung haben, uns zum Mittelpunkte von Allem zu machen, alle unsere
Bewegungen auf diesen Mittelpunkt zu
richten und Alles, selbst Gott darauf zu
beziehen. Diese Liebe ist unendlich gefährlich wegen der Feinheit ihrer List und
ihrer Abweichungen, deren man sich nicht
versieht, ja die man gar nicht wahrnimmt, da sie ihre Quelle in unserer
innersten Natur haben: und sie ist tödt-
lich für uns, weil, da Gott das Leben
unserer Seele ist, Alles, was uns von
ihm entfernt, uns den Tod zu geben strebt.

Prüfen wir also genau das Wesen
unserer Andacht: sehen wir, ob sie rein,
einfach und gerade ist. Und da wir uns
gar leicht in der Verblendung befinden
könnten, so bitten wir um Erleuchtungen,
welche wir von Gott empfangen werden,
ziehen wir sie zu Rathe und folgen wir
ihnen. Der gute Gebrauch, den wir
davon machen werden, wird uns größere
bewirken; und wir werden allmählig jene
Reinheit der Absicht, jene Einfalt, jene
Geradheit des Herzens erwerben, die unter fromm sein wollenden Personen heut

zu Tage so selten sind, und es zu allen
Zeiten waren.

Gebete für fromme Seelen.

(Dem folgenden Gebete, nach der Communion und vor einem Bildnisse des Ge-
kreuzigten verrichtet, ist von Pius VII.
ein vollkommener Ablaß und die Befreiung einer Seele aus dem Fegfeuer
verliehen worden.)

O r a t i o.

En ego, o bone et dulcissime
Jesu! ante conspectum tuum genibus
me provolvo, ac maximo animi ardore
te oro atque obtestor ut meum in cor
vividos fidei, spei et caritatis sensus
atque veram erratorum meorum poe-
nitentiam, eaque emendandi firmissi-
mam voluntatem velis imprimere, dum
magno animi affectu et dolore, tua
quinque vulnera mecum ipse consi-
dero et mente contemplor, illud prae
oculis habens quod jam in ore pone-
bat suo David Propheta: „Foderunt
manus meas et pedes meos; dinu-
meraverunt omnia ossa mea.‟

Gebet.

O guter und süßester Jesu! ich werfe mich vor dir auf die Kniee und bitte und beschwöre dich mit der ganzen Inbrunst meiner Seele, du mögest in mein Herz recht lebhafte Empfindungen des Glaubens, der Hoffnung und der Liebe, eine wahrhaftige Reue über meine Verirrungen und einen recht festen Willen, mich zu bessern, prägen, während ich in mir selber deine fünf Wunden mit einer großen Rührung und einem großen Schmerze betrachte und im Geiste anschaue, indem ich die prophetischen Worte vor Augen habe, welche einst der heilige König David gesprochen: Sie haben meine Hände und meine Füße durchbohrt; sie haben alle meine Gebeine gezählt.

Gebet des heiligen Ignatius,

(um sich nach dem Empfange des allerheiligsten Sakraments Gott aufzuopfern).

Suscipe, Domine, universam meam libertatem, accipe memoriam, intellec-

tum atque voluntatem omnem; quid-
quid habeo vel possideo, mihi largitus
es; id tibi totum restituo, ac tuae
prorsus voluntati trado gubernandum;
amorem tui solum cum gratia tua
mihi dones et dives sum satis nec
aliud quidquam ultra posco. Amen.

Nimm hin, Herr, ganz und gar meine
Freiheit, nimm hin mein ganzes Gedächt-
niß, meinen ganzen Verstand und meinen
ganzen Willen; Alles, was ich habe oder
besitze, hast du mir gegeben; ich gebe dir
es Alles wieder zurück und überlasse es
gänzlich der Leitung deines Willens; gib
mir einzig und allein deine Liebe sammt
deiner Gnade, und ich bin überreich und
verlange sonst gar nichts weiter. Amen.

Bitte des heiligen Bernhard an die seligste Jungfrau.

Memorare, o piissima Virgo Maria,
numquam auditum a saeculo quem-
quam ad tua currentem praesidia, tua
implorantem auxilia, tua petentem
suffragia esse derelictum. Ego tali

animatus fiducia, ad te, Virgo Virginum Mater, curro et confugio, coram te gemens peccator assisto, noli, Mater Verbi, verba mea despicere, sed audi propitia et exaudi, Amen.

Gedenke, o gnadenreichste Jungfrau Maria, daß es noch nie in der Welt erhört worden ist, es sei Jemand, der zu deinem Schutze seine Zuflucht genommen, dich um Hilfe angefleht, dich um deine Fürbitte gebeten, verlassen worden. Von dieser Zuversicht beseelt, eile ich und nehme ich meine Zuflucht zu dir, jungfräuliche Mutter der Jungfrauen und seufze als Sünder vor dir: Lasse dir, o Mutter des Wortes, meine Worte nicht mißfallen, sondern höre sie huldvoll an und erhöre sie gnädig. Amen.

Der Monat **Junius**, dem allerkoſtbarſten Blute
  Jeſu Chriſti geweiht. 27 fr. ob. 9 ſgr.
Der Monat **Julius**, dem allerh. Herzen
  Jeſu geweiht.   20 fr. ob. 6¼ ſgr.
Der Monat **Auguſt**, dem hochheil. und un=
  befleckten Herzen Mariä geweiht. 36 fr.
                                    ob. 12 ſgr.
Der Monat **September**, der ſchmerzhaften
  Jungfrau und Mutter Gottes Maria
  geweiht.   27 fr. ob. 9 ſgr.
Der Monat **Oktober**, der Königin des hl.
  Roſenkranzes und dem Stifter dieſes
  Gebetes geweiht.   30 fr. ob. 10 ſgr.
Der Monat **November**, dem Troſte der
  armen Seelen geweiht. 20 fr. ob. 6¼ ſgr.
Der Monat **Dezember**, oder: Betrachtungen
  als Vorbereitung auf die gnadenreiche Ge=
  burt Jeſu Chriſti. 30 fr. ob. 10 ſgr.
**(Jeder Monat bildet zugleich ein vollſtändiges
                    Gebetbuch.)**

J. J. Languet,
das Leben der gottſeligen Mutter
Margaretha Maria Alacoque.
Aus dem Franzöſiſchen überſetzt von J. P.
Silbert und herausgegeben von einem Welt=
prieſter. 2 Bde. 2te Auflage. Mit 2 Stahl=
ſtichen.   8.   3 fl. 12 fr. ob. 2 Thlr.

Leben der gottſeligen Mutter
Margaretha Maria Alacoque.
Aus ihrer eigenhändigen, in franzöſ. Sprache
verfaßten, von P. J. Galliſet herausgeg. und

mit Noten begleiteten Denkschrift übersetzt. Nebst einem Anhang über die Andacht, und einigen Gebeten zum Herzen Jesu. Uebersetzt von J. P. Silbert und herausgeg. von einem Weltpriester. 2te Aufl. Mit 1 Stahlstiche. 8. 1 fl. ob. 19 ½ sgr.

Das göttliche Gastmahl.

Das ist: Betrachtungen und Gebete vor und nach der heiligen Kommunion auf die Feste des Herrn, der allerseligsten Jungfrau Maria und der vorzüglichsten Heiligen. Mit 1 Stahlstiche. 8. 1 fl. 48 kr. ob. 1 Thlr. 3 sgr.

Bilder

aus dem Leben heiliger und frommer Seelen

gesammelt aus ihren Lebensgeschichten älterer und neuerer Zeit. 1s und 2s Heft. 8. à 36 kr. ob. 12 sgr.

Inhalt: 1. P. C. Odescalchi. — Marina Escobar. — H. Bischof Johannes. — H. Katharina von Siena. — 2. Maria von der heiligsten Dreifaltigkeit, Karmelitin. — Der ehrw. P. Nikolaus Lancicius S. J. — Die hl. Gertrud.

J. J. Surin,

das geistliche Leben

auf Grundlage des Buches der Nachfolge Jesu Christi.

Neue durchgesehene und verbesserte Ausgabe von P. Brignon. Aus dem Französ. 8. 1 fl. 21 kr. ob. 25 ½ sgr.

Kleine religiöse Bibliothek in Miniaturausgaben.

Sämmtliche ascetische Schriften

von

P. Johann Grou,

aus der Gesellschaft Jesu.

Achtes Bändchen.

Die

Heiligung des Christen

durch das

Gebet des Herrn.

Im Verlage von G. J. Manz in Regensburg sind von dieser „Bibliothek" erschienen:

Hamacher, Armatura Dei. 42 kr. ob. 13 1/2 sgr.
— das Kirchlein. Gebetbüchlein. 30 kr. ob. 10 sgr.
Hausen, b. Heiligkeit d. Priesters. 36 kr. ob. 11 1/4 sgr.
Heiligung des Priesters. 48 kr. ob. 15 sgr.
Himmelsbahn, die, 3täg. Exercitien. 24 kr. ob. 7 1/2 sgr.
P. Joseph, b. Liebe Jesu zu b. Menschen. 15 kr. ob. 5 sgr.
H. Katharina v. G., Abh. v. Fegf. 4 1/2kr. ob. 1 1/2 sgr.
Ignatius, geistl. Grunlehren. 15 kr. ob. 5 sgr.
Kempis' Nachfolge. Lateinisch u. Deutsch. 30 kr. ob. 10 sgr.
— basselbe. Lateinisch. 18 kr. ob. 6 1/4 sgr.
— basselbe. Deutsch. 12 kr. ob. 3 3/4 sgr.
Lehr- u. Andachtsb. f. Seminaristen. 27 kr. ob. 8 3/4 sgr.
Leonarbo da P. Maurizio, h. Haubb. 36 kr. ob. 11 1/4 sgr.
— Anbacht z. h. Sakramente. 18 kr. ob. 6 sgr.
— Anleitung zur Generalbeicht. 18 kr. ob. 6 sgr.
— Unterricht über b. h. Messe. 15 kr. ob. 5 sgr.
— Weg zum Himmel. 30 kr. ob. 10 sgr.
Liguori, Besuchungen. 18 kr. ob. 5 1/2 sgr.
— das Gebet. 18 kr. ob. 5 1/2 sgr.
— Leidensstunden U. H. J. Christi. 24 kr. ob. 7 1/2 sgr.
— Uebung b. Liebe z. Jesus Christus. 30 kr. ob. 10 sgr.
— Babemecum f. fromme Priester. 24 kr. ob. 7 1/2 sgr.
— Verehrung b. heil. Theresia. 18 kr. ob. 5 1/2 sgr.
Nachfolge der allersel. Jungfr. Maria. 27 kr. ob. 8 3/4 sgr.
Nachfolge des heil. Joseph. 18 kr. ob. 6 sgr.
Offizium Mariä. 12 kr. ob. 4 sgr.
Offizium für die Abgestorbenen. 12 kr. ob. 4 sgr.
Pagani, Anb. z. allerheil. Altarssacr. 15 kr. ob. 5 sgr.
Palast der göttlichen Liebe. 12 kr. ob. 3 3/4 sgr.
Pinamonti, geistl. Ueb. d. h. Ignatius. 36 kr. ob. 11 1/4 sgr.
— das zerknirschte Herz. 15 kr. ob. 5 sgr.
— die Stellung der Reichen. 18 kr. ob. 6 sgr.
— ber untrügliche Spiegel. 18 kr. ob. 6 sgr.
— ber Weg zum Himmel. 21 kr. ob. 7 sgr.
— ber Führer ber Seelen. 2 Bbchen. 48 kr. ob. 15 sgr.
— das heilige Herz Mariä. 24 kr. ob. 7 1/2 sgr.
Roothan, geistl. Betrachtung zu verrichten. 15 kr. ob. 5 sgr.
Sales, kleine Philothea v. Buchfelner. 12 kr. ob. 4 sgr.
Scupoli, der geistliche Kampf. 30 kr. ob. 10 sgr.
be Ségur, Jesus Christus. 24 kr. ob. 7 1/2 sgr.
Segneri, Anbacht z. f. J. Maria. 24 kr. ob. 7 1/2 sgr.
— Ausleg. b. Magnificat. 9 kr. ob. 3 sgr.
— Gebetfrüchte. 12 kr. ob. 4 sgr.
— Erklär. b. Psalmes Miserere. 30 kr. ob. 10 1/2 sgr.

(Fortsetzung am Ende des Werkes.)

Die
Heiligung des Christen

durch das

Gebet des Herrn.

Von

P. Johann Grou,

aus der Gesellschaft Jesu.

Nach der neuesten Ausgabe aus dem Französischen
übersetzt.

Regensburg.
Druck und Verlag von Georg Joseph Manz.
1865.

Das Vater unser ist ohne Vergleich das heiligste und vortrefflichste aller Gebete, weil Jesus Christus selber der Urheber desselben ist und es uns gelehrt hat. Es enthält alle Gesinnungen, die der Christ sowohl in Bezug auf Gott als hinsichtlich des Nächsten haben soll, Alles, um was er in geistlicher und leiblicher Hinsicht bitten soll, und insbesondere das sichere Mittel, um die Vergebung seiner Sünden zu erlangen.

Es ist der Fassungskraft der Unwissenden und Einfältigen angemessen, und zugleich von einer Erhabenheit, welche die größten Geister nicht zu erreichen, von einer Tiefe, welche sie mit allen ihren Betrachtungen nicht zu erschöpfen vermö=

gen. Es ist für alle Altersstufen, für
alle Stände, für alle Berufsarten geeig=
net; für die Sünder, welche zu Gott
zurückkehren wollen, für die Bußfertigen,
für die reinen und unschuldigen Seelen,
für die vollkommensten Gerechten. Es ist
geeignet, die Lauheit anzueifern, die In=
brunst zu erhalten und zu vermehren,
den furchtsamen Seelen Vertrauen und
Liebe, den Lohnsüchtigen und Eigennützigen
reine Absichten, den großen Seelen die
erhabensten Gesinnungen einzuflößen.

Die in diesem Gebete selbst bezeichnete
Absicht Jesu Christi ist, daß es ein jeder
Christ täglich verrichten und damit sein
Tagewerk beginnen soll. Es gibt Wenige,
die dieß unterlassen; allein welchen Ge=
winn haben sie davon? Zu jeder Zeit
und in allen Liturgien hat es einen Theil
von dem heiligen Meßopfer gebildet; und
die Kirche setzt es einem jeden Theile des
Gottesdienstes voran.

Es ist außer allem Zweifel, daß Jesus Christus in dieß göttliche Gebet, so
kurz und so einfach es auch ist, alle zur
Heiligung des Christen nothwendigen Punkte
gelegt hat. Soll es aber diese Wirkung
hervorbringen, so genügt es nicht, es,
wenn auch aufmerksam, mit dem Munde
herzusagen; man muß auch seinen Sinn
recht auffassen und die Empfindungen im
Herzen haben, welche es ausdrückt. Auch
das ist noch nicht genug; man muß es
auch in Ausübung bringen und seine Gedanken, seine Worte, seine Handlungen
nach ihm einrichten. Widrigenfalls heiligt es uns nicht nur nicht, sondern es
wird vielmehr zu unserer Verdammniß
dienen, wenn uns Christus am jüngsten
Tage fragen wird, ob wir dem Gebete,
das er uns vorgeschrieben, gemäß gelebt
haben.

Seit wie vielen Jahren beten wir es
nicht alle Tage, und sogar täglich mehr-

mals? Haben wir uns bisher bestrebt,
über seinen Inhalt nachzudenken und ihn
recht aufzufassen? Sind wir innig von
den Empfindungen durchdrungen, welche
darin enthalten sind? Dieser Punkt ist
wesentlich; denn Gott achtet nicht auf
das, was aus dem Munde kommt, sondern auf das, was wir im Herzen haben.
Endlich, leben wir so, daß man sagen
kann, unser Leben sei eine gewissenhafte
und beständige Ausübung des Vater unsers?
Daran denken gar viele Christen zu wenig;
sie scheinen zu meinen, ihre ganze Pflicht
bestehe einzig darin, das Vater unser als
eine Formel herzusagen, die man sie von
der Kindheit an gelehrt hat; und sie bedenken
nicht, daß dieses Gebet auf alle Augenblicke ihres ganzen Lebens einwirken soll.

So viele Erklärungen desselben es
auch schon gibt, so dürfte doch auch diese
noch hinzukommen, bei welcher sich bestrebt wurde, die Mitte zwischen dem zu

Viel und zu Wenig zu halten; sie ist auch für alle Christen geschrieben; denn wollte man den innern Zustand und die geistlichen Bedürfnisse eines jeden Einzelnen berücksichtigen, so wären eben so viele besondere Erklärungen nöthig, als es verschiedene Klassen von Christen gibt. Dieses ist nun aber das Werk des heiligen Geistes, dem es allein zukommt, einen jeden Gläubigen dem Zustande seines Herzens gemäß zu erleuchten.

Unser Vater.

In den verschiedenen Gebeten, welche Jesus Christus an Gott, seinen Vater, im Evangelium richtet, gibt er ihm immer den Namen Vater, weil er sein Sohn von Natur ist, von aller Ewigkeit in seinem Schooße gezeugt. Gott hat

uns in seinem Sohne zu seinen Kindern
angenommen; wir sind aus Gnaden die
Kinder Gottes und die Brüder Jesu
Christi. Vor der Erfüllung und völligen
Offenbarung des Geheimnisses dieser Kind-
schaft wandten die Patriarchen, die Propheten und die Gerechten des alten Bun-
des fast keinen andern Namen für Gott
an, als den Namen Gott oder Herr;
und sie sprachen die furchtbaren Namen
Jehovah oder Adonai mehr mit Schrecken als mit Liebe aus. Seit der Ver-
kündigung des Evangeliums können und
sollen wir Gott Vater nennen; Jesus
Christus berechtigt uns dazu, und befiehlt
es uns sogar. Sehet, spricht er zu
uns, so sollet ihr beten: Vater
unser (Matth. 6, 9.). Bei jeder Gelegenheit bedient er sich des Ausdrucks:
Euer himmlischer Vater; und er
sagt, indem er uns gewisser Maßen sich
gleichstellt: Mein Gott und euer

Gott, mein Vater und euer Vater
(Joh. 20, 17.).

Von allen Namen ist der Name Vater der zärtlichste und der süßeste; es ist der Name, welcher uns am Meisten Ehrfurcht und Gehorsam, am Meisten Liebe und Vertrauen zugleich einflößt. Diese Empfindungen sind auf die Natur gegründet, und wir wären Ungeheuer, wenn wir sie nicht gegen unsern Vater nach dem Fleische hätten. Wie vielmehr müssen wir sie also gegen unsern himmlischen Vater haben, welcher der unumschränkte und einzige Herr und Gebieter aller Creaturen, unendlich anbetungswürdig, unendlich gütig, unendlich liebenswürdig ist! Aus wie vielen Gründen ist Er allein unser Vater!

Wir haben das Dasein von ihm, unsern Leib und unsere Seele mit allen ihren Eigenschaften; er hat uns durch einen ganz freien Willen und aus bloßer Güte nach seinem Wohlgefallen gebildet,

da er unser ja nicht bedarf, und ohne
uns an sich selber unendlich glückselig ist.
Er erhält uns in jedem Augenblicke; unser
Leben ist eine fortwährende Gabe seiner
Wohlthätigkeit; und wenn er seine Hand,
welche uns erhält, zurückzöge, so würden
wir sogleich wieder in das Nichts zurück-
sinken, aus dem wir in's Dasein gerufen
worden sind. Daran können wir gewiß
nicht zweifeln, da Niemand von uns auch
nur für den nächsten Augenblick bürgen
kann. Wie sollten wir nun aber den
Urheber und Erhalter unsers Daseins
nicht lieben, wie uns nicht scheuen, ihn
zu beleidigen, welcher uns nur zu seiner
Ehre erschaffen konnte, indem er uns das
Vermögen gab, ihn zu verherrlichen?

Er hat uns nicht bloß das Leben
g e g e b e n, sondern er erhält es uns
auch und sorgt für alle unsere Bedürfnisse. Die ganze übrige Welt ist nur
für uns da und zu unserm Dienste be-

stimmt. Alles, was uns die Erde zum
angenehmen Wohnorte macht, alle Freu-
ben, die wir darauf genießen, sind ein
Geschenk seiner Hand. Wir dürfen von
Allem, was auf ihr ist, Gebrauch machen, aber nach seinem Willen, der uns
bekannt ist, und mit dem Danke, der ihm
gebührt. Wie dürften wir es als un-
bankbare und widerspenstige Kinder wagen,
gegen unsern Vater seine eigenen Wohlthaten zu wenden, ihn zu vergessen, ihn
um niedriger Geschöpfe willen zu verlassen, ihn durch den bösen Gebrauch zu
erzürnen, den wir von ihnen machen?
Ach, und bennoch ist dieß geschehen, und
geschieht dieß noch immer! Du aber hörst
barum nicht auf, uns mit den Gütern
beiner Güte zu überschütten, o mein
Gott! Welcher andere Vater würde so
verfahren? Doch eben dieses Uebermaß von
Güte macht mich erst recht strafbar. Wie!
ist möglich, daß ich in meiner Unbankbar-

keit fortfahre? Ach nein, mein Gott! lieber
nimm alle deine Gaben wieder zurück,
lieber nimm mir selbst das Leben, nur lasse
nicht zu, daß ich dich je mehr beleidige.

Du bist mein Vater nach der Natur;
aber du bist es noch weit mehr nach der
Gnade. Dieses zeitliche Leben, das ich
für einige Augenblicke genieße, ist nichts
im Vergleiche mit dem ewigen Leben, das
du mir bestimmt hast, und das mein
wahres Loos ist. Und was für ein Leben ist dieses! Ein Leben, wo ich dich
von Angesicht zu Angesicht sehen,
wo ich dich erkennen werde, wie
ich von dir erkannt bin (1. Cor.
13, 12.); wo ich dich, das höchste Gut,
besitzen, wo ich mit dir deine unaussprech-
liche Glückseligkeit theilen werde. Ja,
das Erbe, welches du mir als deinem
Kinde aufbewahrest, ist kein anderes als
du selber; mein unendlich großer Lohn
dafür, daß ich dich auf Erden geliebt

habe, was schon die wahre und einzige
Glückseligkeit in meinem gegenwärtigen
Zustande bildet, wird darin bestehen,
dich ewig im Himmel zu lieben und durch
diese Liebe mit dem Strome deiner
Wonnen erfüllt zu werden. Ich glaube
dieß auf dein Wort; aber ich begreife es
nicht; und es muß auch meine Glückseligkeit so groß sein, daß ich sie nicht zu begreifen vermag. Diese Glückseligkeit ist
nicht bloß für meine Seele, sie ist auch
für meinen Leib bestimmt, für diesen
Thon, der mit ihr vereinigt ist, und der
auf seine Weise an den herrlichen Eigenschaften theilnehmen wird, womit du meine
Seele bekleiden wirst.

Dieß, o mein Vater, hast du von aller
Ewigkeit für mich zu thun beschlossen. Ja
nicht bloß dieß hättest du auch gethan,
sondern mich auch allen Uebeln des gegenwärtigen Lebens und selbst dem Tode
entzogen, wenn es nicht der Ungehorsam

meiner erſten Eltern verhindert hätte.
Doch wie hat deine väterliche Liebe dieß
für einen Jeden außer dir unüberwind-
liche Hinderniß weggeräumt? Wie haſt
du den unſchätzbaren Schaden, den ſie
mir zugefügt, wieder gut gemacht? Ach,
wer könnte es denken, wer könnte es
glauben, wenn du es nicht ſelbſt geoffenbart hätteſt? Du haſt mir deinen eigenen Sohn gegeben, deinen eingebornen
Sohn, der dir in Allem gleich iſt. Ohne
aufzuhören, was er von Natur iſt, hat
ſich dieſer Sohn, weil du es wollteſt,
und weil er ſelbſt es wollte, ſo tief erniedrigt, daß er Menſch ward, daß er
ſich mit einem ſterblichen Fleiſche beklei-
dete, um leiden und ſterben zu können.
Und für wen? Für das Menſchengeſchlecht,
für mich, an meiner Stelle, um meine
Sünden zu ſühnen, um mich mit ſeinem
Vater zu verſöhnen, um mir mit Gewinn den Namen Kind Gottes wieder zu

verschaffen, dessen ich unwürbig geworden
war, um mich wieder in meine Anrechte
auf das Erbe einzusetzen, die ich verloren
hatte.

Deßhalb habe ich dieß übernatürliche
Leben von dir durch Jesum Christum;
deßhalb ertheilest du mir Gnaden und
Heilsmittel im reichsten Maße; deßhalb
bezeigest du mir deine väterliche Aufmerksamkeit, deine Zärtlichkeit, deine Vertrau-
lichkeit; deßhalb ist deine unbegreifliche
Güte immer bereit, mir auch nach den
schwersten und tausendmal wiederholten
Beleidigungen zu vergeben, sobald ich
wieder zu dir zurückkehre; deßhalb eilest
tu mir aus großer Erbarmung nach,
wenn ich mich verirre, rufest mich zurück,
reichest du mir die Hand, um mich wieder aufzurichten, bringst du mich mit
Freuden auf beinen Schultern zurück und
preisest du dich glücklich, nachdem du
mich wieder gefunden, wie wenn dieß ein

Gewinn für dich wäre, und dir mehr an
meinem Heile liegen müßte als mir.

Wenn sich Gott als einen so guten
Vater gegen die Sünder zeigt, welche aufrichtig zu ihm zurückkehren, wie es so
viele berühmte Büßer beweisen, und wie
wir es vielleicht selbst erfahren haben,
wie wird er sich dann erst gegen reine
und unschuldige Seelen zeigen, die sich
immer in seiner Gnade erhielten und nie
an etwas Anderes dachten, als ihm wohlgefällig zu sein?

Christliche Seele, bleibe hier nicht bei
der Betrachtung der allgemeinen, sowohl
natürlichen als übernatürlichen Wohlthaten stehen. Gedenke, so weit du dessen
fähig bist, Alles desjenigen, was Gott
für dich insbesondere gethan hat. Vielleicht ist kein einziger Augenblick in deinem Leben, den nicht irgend ein Zug seines Wohlwollens bezeichnet: Gnaden der
Bewahrung, Gnaden des Schutzes, Gna-

ben ber Ermunterung ober bes Vorwurfs, Gnaben bes Trostes und der Stärkung, Gnaben der Heimsuchungen und der vertraulichen Unterredungen. Was hat er nicht Alles gethan, um dich vom Bösen ferne zu halten ober wieder davon zurückzuziehen, um dich zum Guten zu ermuntern, dich darin zu erhalten, dich darin Fortschritte machen und verharren zu lassen? Er allein weiß Alles, was er für dich gethan hat; ein guter Theil ist zur Zeit deiner Aufmerksamkeit, ober später deinem Gebächtnisse entgangen; und wie viele geheime Gnaben sind nie zu deiner Kenntniß gekommen! Doch du weißt genug davon, um von Liebe und Dankbarkeit gegen Gott durchdrungen zu sein.

Was wäre erst geschehen, wenn du ben empfangenen Gnaben immer getreulich entsprochen hättest? Wer kann es wissen, bis zu welchem Maße seine Gaben dir zugeflossen wären? Bist du baher

weniger Dank schuldig für die Güter,
welche er dir ertheilen wollte, aber durch
deine eigene Schuld dir nicht ertheilte,
als für diejenigen, welche er dir wirklich
ertheilt hat? Wenn er dir in diesem Augenblicke die Reihe von Gnaden zeigte,
welche dir bereitet waren, und den hohen
Grad der Herrlichkeit und Glückseligkeit,
wozu sie dich erheben sollten, wie groß
wäre deine Ueberraschung, deine Beschäm-
ung — deine Dankbarkeit!

Komme nun jetzt zu dir selber wieder
zurück und sprich: Wenn Gott mein Vater ist, so sehr er es nur sein kann, sowohl nach der Natur, weil er mich erschaffen hat, weil er mich erhält, und
weil er für alle meine Bedürfnisse sorgt,
als nach der Gnade, weil er mich in seinem Sohne durch die Vereinigung der
göttlichen Natur und der menschlichen Natur in der Person dieses Sohnes, des
einzigen Gegenstandes seines Wohlgefal-

lens, zu seinem Kinde gemacht hat, so
daß er mich in seinem Sohne sieht und liebt,
mir dasselbe Erbe, dieselbe Herrlichkeit,
dieselbe Glückseligkeit bestimmt; wenn außerdem dieser Vater an sich selbst unendlich
liebenswürdig ist, wenn er alle Vollkommenheiten in sich vereinigt, wenn er das
höchste Gut einer jeden vernunftbegabten
Creatur ist; wenn er endlich, ich mag
ihn betrachten, wie ich will, ein unbestreit-
bares Recht auf alle meine Neigungen hat,
warum bin ich dann noch so gleichgiltig,
so kalt, so oft ich diese Worte: Un ser
Vater, ausspreche? Woher kommt es,
daß sie nur zu oft keine Vorstellung in
meinem Geiste, wie wenn sie ohne Sinn
wären, erwecken, und keine Empfindung
in meiner Seele erregen? Ach, es kommt
daher, weil ich nicht tief genug über das
Alles nachgedacht habe, was in diesem
Namen Vater liegt: über die Liebe, welche
er in Gott zu mir voraussetzt, und von

welcher er mir unbegreifliche Beweise gegeben hat; über das eben so milde als
gerechte Gesetz, das er mir auferlegt, ihm
alle meine Neigungen zu weihen, und keine
andere Glückseligkeit als die, ihn zu lieben, für mich zu kennen, wie es denn
wirklich keine andere gibt und geben kann.

Schon dieses Wenige, was ich nun
eben gelesen habe, überzeugt mich davon.
Ich würde noch weit mehr davon überzeugt werden, wenn ich diesen unerschöpf-
lichen Gegenstand zum gewöhnlichen Stoffe
meiner Betrachtungen machte, wenn ich
zu Gott unaufhörlich um neue Erleuchtungen darüber flehte, wenn ich Erleuchtungen in den Grundsätzen des Glaubens,
in den Geheimnissen der Religion, in der
Sittenlehre des Evangeliums, welche ganz
in der Liebe zum himmlischen Vater besteht, in den guten Andachtsbüchern, deren
Zweck es ist, mir die Liebe Gottes einzuflößen und in mir zu erhalten, in den

Beiſpielen der Heiligen ſuchte, welche es
nur geworden ſind, weil ſie Gott von
ihrem ganzen Herzen, von ihrem ganzen
Gemüthe, aus allen ihren Kräften liebten. War er ihr Vater mehr, als er
der meinige iſt? Hat er für ſie mehr gethan als für mich? Hatte er ein Recht,
mehr von ihnen zu verlangen und zu erwarten, als er von mir verlangt und erwartet?

Meine Erkenntniſſe in dieſem ſo wichtigen Gegenſtande würden noch mehr erweitert werden, wenn ich die That damit verbände, wenn ich in meinen frommen Uebungen und beſonders in meinen
Communionen, wenn ich in meinen guten Werken, in der Erfüllung meiner
Standespflichten, ſelbſt in den gewöhnlich-
ſten Handlungen des Lebens, worin ich
den Thieren ähnlich bin, z. B. im Eſſen
und im Trinken, keine andere Abſicht
hätte, als die Liebe, welche ich meinem

Vater schuldig bin, in mir zu erhalten
und zu vergrößern. Bin ich denn zu
einem andern Zwecke hienieden, als um
ihn zu lieben? Ist nicht die Zeit, welche
ich nicht dazu anwende, um ihn zu lieben, eine
für mich verlorne Zeit? Was wird denn
das ewige Leben, nach dem ich strebe,
sonst sein als ein Leben der Liebe? Und
kann ich meine Glückseligkeit auf Erden
wie im Himmel in irgend etwas Anderm
finden, als in der Ausübung der Liebe?

Ach, wie sinnlos und blind war ich
bisher! Wie wenig habe ich die erste, die
größte meiner Pflichten erkannt und ausgeübt, die Pflicht der kindlichen Liebe, der
gänzlichen und unbedingten Hingebung an
meinen Vater, des Gehorsams gegen seinen heiligen Willen, des Verlangens, ihm
in Allem wohlgefällig zu werden, der
Furcht, ihn nur im Geringsten zu beleidigen! Vergib mir das Bisherige, o zärt-
lichster und bester aller Väter! Ich bin

entschlossen, es mit beiner Gnabe zu süh= nen unb wieber gut zu machen, keinen anbern Gebanken, keine anbere Absicht, kein anberes Geschäft mehr zu haben, als bich zu lieben, bir zu gehorchen, bir wohl= gefällig zu sein. Unb ba ich nichts burch mich selber vermag, so übergebe ich mich bir mit allen Kräften meiner Seele unb allen Fähigkeiten meines Leibes, bamit bu meine Person, Alles, was mir gehört unb Alles, was von mir abhängt, beiner hei= ligen Liebe zuwenbest unb weihest. Ver= leihe mir nur biese Gnabe, baß ich bie Gabe, welche ich bir mit mir barbringe, nie aus bem Auge verliere, unb baß ich nie bas Vater unser bete, ohne sie inner= lich zu erneuen. Dieß ist meine Absicht, o mein Gott! lasse nicht zu, baß ich von ihr abweiche, ober baß ich sie burch eine Sünbe, burch eine wissentliche Untreue wiberrufe.

Unser Vater.

Wir haben bis jetzt den Namen Vater, insofern Gott es für einen jeden Christen insbesondere ist, und als Beweggrund, Gott zu lieben, betrachtet. Betrachten wir nun diesen Namen in Bezug auf alle Christen überhaupt, welche nur eine einzige Familie bilden, deren Vater Gott ist, und sich aus diesem Grunde gegenseitig lieben müssen.

Bemerken wir es wohl, in dem Gebete, das uns unser Herr gelehrt hat, sprechen wir nicht: Mein Vater, sondern: Unser Vater; wir wenden uns an Gott nicht in unserm Namen allein, sondern im Namen aller Christen, indem wir für uns um nichts bitten, um das wir nicht zugleich auch für sie mit derselben Inbrunst, mit demselben Verlangen, es für sie wie für uns von unserm gemeinsamen Vater zu erhalten, bitten.

Dieß setzt voraus, daß wir ihnen dieselben geistlichen und zeitlichen Güter wünschen wie uns, daß wir sie als unsere Brüder lieben, und daß wir durch die Bande einer reinen und aufrichtigen Liebe mit ihnen vereinigt sind.

Diese brüderliche Liebe ist also für die Christen eine Pflicht, welche daraus entspringt, daß Gott unser Aller Vater ist, und daß wir Alle in Jesus Christus seine Kinder sind. Durch die Taufe ist ein jeder Christ ebenso ein Kind Gottes wie ich; er hat ebenso Jesum Christum zum Bruder wie ich; er hat dasselbe Recht auf das himmlische Erbe wie ich. Ich muß ihn also lieben, weil er ebenso wie ich Gott dem Vater und Jesu Christo angehört, und weil er ebenso wie ich von ihnen geliebt wird.

Wir sind auf Erden durch die Entfernung der Zeiten und der Orte getrennt; wir sind dem größten Theile nach einander

2*

unbekannt. Allein wir haben denselben
Glauben, denselben Gottesdienst, dieselben Beweggründe, Gott zu lieben; wir
haben dieselbe Bestimmung; und wenn
wir uns derselben nicht unwürdig machen,
so werden wir für immer im himmlischen
Vaterlande vereinigt, wo sich Alle kennen,
gegenseitig lieben und nicht bloß wegen
ihres eigenen Heiles, sondern auch wegen
des Heiles der übrigen selig sein werden;
wo es kein Mein und Dein, kein
Eigenthum mehr geben wird, weil Gott
Alles in Allem sein wird. (1. Cor.
15, 28.) Dieß ist der Ausdruck des heiligen Paulus, dessen Sinn uns unbegreif-
lich ist, so erhaben ist er, und so innig wird
die Vereinigung unter den Auserwählten
sein! Gott will, daß wir uns hienieden
in dieser Liebe üben sollen, und daß die Liebe,
welche im Himmel ewig unter uns herrschen
soll, ihren Ursprung auf Erden habe, daß
sie diese zu einem Paradies mache, und

daß sie bis zu unserm letzten Seufzer in uns wachse.

Habe ich bis zu diesem Tage recht begriffen, welches die Liebe ist, die ich dem Nächsten, und besonders den Christen, meinen Brüdern, schuldig bin, auf welchem Grunde sie beruht, und wie weit sie gehen soll? Habe ich begriffen, daß ich, selbst vorausgesetzt, daß ich meinen Nächsten nicht hasse, wenn ich keine Zuneigung zu ihm habe, wenn mir an seiner Wohlfahrt nicht eben so viel liegt als an der meinigen, wenn mir das Heil seiner Seele gleichgiltig ist, und wenn ich es nicht auf alle nur mögliche Weise zu fördern suche, mit Wahrheit nicht Unser Vater sprechen, das Vater unser nicht beten kann, ohne meine eigene Verdammniß damit auszusprechen?

Ich bin es allen Menschen schuldig, weil sie meines Gleichen und wie ich nach dem Bilde Gottes erschaffen sind,

mich an ihre Stelle, und sie an die meinige zu setzen, sie den Umständen gemäß
eben so zu behandeln, wie ich von ihnen
behandelt zu werden wünsche, gegen sie
nicht zu verfahren, wie ich erwarte, daß
sie gegen mich nicht verfahren mögen, und
ihnen vielmehr alles das Gute zu thun, welches ich wünsche, daß sie mir thun sollen.
Dieß ist das natürliche, in alle Herzen
geschriebene Gesetz, das uns die Gerechtigkeit
und die Menschlichkeit zu beobachten gebieten, und das man nicht ohne einen
geheimen Widerspruch des Gewissens ver-
letzen kann. Es erstreckt sich weit dieses Gesetz; es wird selbst unter den Christen selten getreulich ausgeübt, und gar
oft, wenn auch nicht äußerlich, doch im
Innern des Herzens übertreten.

Und doch ist das noch nicht die christliche Liebe. Diese begreift allerdings alle
Pflichten des natürlichen Gesetzes in sich,
allein sie beschränkt sich nicht darauf. Sie

muß übernatürlich sein in ihrem Grunde, welcher kein anderer als die uns vom heiligen Geiste eingegossene rechtfertigende Gewohnheit ist, durch welche wir in den Stand gesetzt sind, Gott um seiner selbst willen und den Nächsten aus Liebe zu Gott zu lieben. Sobald sich also diese rechtfertigende Gewohnheit verliert, bin ich so lange unfähig, die Liebe gegen Gott und gegen den Nächsten auszuüben, bis ich sie wieder erlangt habe. Sie muß übernatürlich sein in ihrem Beweggrunde. Wenn ich den Nächsten nur wegen seiner guten Eigenschaften, wegen der Aehnlichkeit seiner Gemüthsart mit der meinigen, wegen der Gefälligkeiten liebe, die er mir erwiesen hat, oder die ich von ihm erwarte, so hat diese Liebe nichts mit der christlichen Liebe gemein; sie ist weder Gott wohlgefällig, noch für mich verdienstlich. Ich muß ihn aus den Beweggründen lieben, die Gott mir vorhält,

weil er das Kind Gottes und mein Bruder in Jesus Christus ist oder werden
kann, weil Gott und Jesus Christus ihn
lieben, und mir gebieten, ihn zu lieben.
Sie muß übernatürlich sein in ihrer Ausübung; d. h. die Gnade muß zu allen
Liebeshandlungen ermuntern und sie begleiten, so daß mein Wille mit dem göttlichen Antriebe wirkt.

Der Grund der christlichen Liebe ist
die Vaterschaft Gottes selbst. Der Vater liebt, eben weil er Vater ist, seinen
Sohn, und uns Alle in diesem Sohne,
in welchem wir seine Kinder sind. Er
will, daß wir uns gegenseitig eben so lieben, wie er uns liebt, so daß, wenn wir
nicht unsere Brüder lieben, Gott auch
uns nicht liebt, und eben so wenig auch
wir ihn lieben. Urtheilen wir daraus,
wie unzertrennlich die Liebe Gottes zu
uns und unsere Liebe zu ihm von unserer
Liebe zu unsern Brüdern ist, weil es

ja eigentlich doch nur eine einzige, eine
und dieselbe Liebe und nur hinsichtlich der
Beziehung auf den Gegenstand, auf welchem sie ruht, und auf den Zweck, den
sie im Auge hat, verschieden ist. —

Deßgleichen liebt uns der Sohn Gottes, seitdem er sich mit der menschlichen
Natur vereinigt hat, Alle in der untheil-
baren Natur, die er angenommen, und
durch welche er sich herabgelassen hat, uns
ähnlich zu sein. Deßhalb befiehlt er uns,
daß wir uns gegenseitig lieben sollen, wie
er uns liebt, und wie er will, daß wir
ihn selbst lieben sollen, nicht bloß als
Gott, sondern auch als Mensch. Und
wenn wir unsere Brüder nicht lieben, so
ist es uns unmöglich, ihn zu lieben, weder nach seiner Menschheit, noch nach seiner Gottheit, weder als Sohn Gottes,
noch als unsern Bruder. Die Liebe Jesu
Christi zu den Menschen und unsere Liebe
zu ihm sind also gleich unzertrennlich von

unserer Liebe zu dem Nächsten, oder vielmehr es ist nur eine und dieselbe Liebe.

Einen dritten Grnnd der brüderlichen
Liebe finden wir im heiligen Geiste, welcher die ewige Liebe des Vaters und des
Sohnes ist. Durch sein Wohnen in unsern Herzen sind wir wahrhaftig Kinder des himmlischen Vaters und Brüder Jesu Christi. Und wie sollten wir
uns nicht gegenseitig lieben, wenn wir
Alle von demselben Geiste, d. h. von derselben Liebe beseelt sind? Durch den heiligen Geist ist Gott die Liebe, und
sind der Vater und der Sohn Eins in der
Liebe, welche sie zu einander haben. Durch
ihn sollten auch alle Christen, und würden in der That nur Ein Herz und
nur Eine Seele bilden, wenn er sie alle
beseelte. Die Liebe des Nächsten ist also
eben so wie die Liebe Gottes die nothwendige Wirkung des Wohnens des heiligen
Geistes in uns; und wir vertreiben diesen

göttlichen Geist aus unserer Seele, wenn
wir unsere Brüder nicht lieben.

Wie weit soll diese Liebe gehen? So
weit, daß sie so sehr als möglich die
Liebe des ewigen Vaters zu uns nach-
ahmt und in uns ausdrückt. Als wir
Alle Sünder und seine Feinde waren,
gab er uns seinen eingebornen Sohn:
eine Gabe, welche Alles enthält und über-
trifft, was der unendlich reiche Gott uns
geben konnte; er hat ihn für unser Heil
aufgeopfert; er wollte, daß sein Tod das
Unterpfand und der Preis unserer Erlösung sei; er hat seiner Seits unsere Glückseligkeit auf Kosten des Theuersten gesichert, was er hatte. Das ist eines von
den Vorbildern, wie wir den Nächsten
lieben sollen.

Ein anderes ist dieses: Unsere Liebe
zu dem Nächsten soll so weit gehen, daß
sie der Liebe gleicht, welche uns Jesus
Christus bezeigt hat. Dieß ist mein

Gebot, spricht er ausdrücklich zu uns,
daß ihr euch einander liebet, wie
ich euch geliebt habe. (Joh. 15, 12.)
Dieses Gebot, das ich euch gebe, ist ein
neues Gebot. (Joh. 13, 34.) Das
Beispiel der Liebe, welches ich euch zur
Nachahmung vorhalte, ist vor mir nicht
dagewesen. Mein Gesetz ist ein Gesetz
der äußersten Liebe, wenn bei einer Liebe
von einem Aeußersten die Rede sein kann,
welche euch Gott gebietet, nachdem er
euch das Beispiel davon gegeben hat.
Daher folgert auch der heilige Johannes
mit Recht, daß uns dieß Gebot verpflichtet, unser Leben für den Nächsten hinzugeben. Daran, sagt er, haben wir
die Liebe Gottes erkannt, daß
er sein Leben für uns dahin gab:
und auch wir sollen für die Brüder das Leben lassen. (1. Joh. 3, 16.)
Beherzigen wir diese Worte: Wir sollen; es ist kein Rath, sondern eine Pflicht in

gewiſſen Umſtänden, beſonders wenn es ſich um das ewige Heil unſerer Brüder handelt.

Endlich ſoll dieſe Liebe zu unſern Brüdern der getreue Ausdruck der gegenſeitigen Liebe Gottes des Vaters und ſeines Sohnes ſein. Jeſus Chriſtus erklärt uns ſeine Abſicht hierüber in dem letzten Gebete, das er vor ſeinem Leiden an ſeinen Vater richtete, und das man als ſein Teſtament betrachten kann. Ich bitte, ſpricht er zu ihm, auch für diejenigen, welche durch die Predigt meiner Apoſtel an mich glauben werden, damit Alle Eins ſeien, wie du, Vater, in mir, und ich in dir; damit auch ſie in uns Eins ſeien. (Joh. 17, 20. 21.) Und: damit ſie Eins ſeien, wie auch wir Eins ſind; damit ſie vollkommen Eins ſeien; damit die Liebe, womit du mich geliebet haſt, in ihnen ſei. (Joh. 17, 22. 23. 26.)

Nehmen wir diese Worte recht zu Herzen,
und flehen wir um die göttliche Erleuchtung, damit wir ihren Sinn fassen, so
weit wir fähig sind; denn jede Erklärung, die man versuchen würde, könnte
nur von geringem Nutzen sein.

Aus diesem Allen muß geschlossen
werden, daß die Liebe des Nächsten eben
so wie die Liebe Gottes in den zwei Worten: Unser Vater, begriffen ist; daß
wir darin die dringendsten Beweggründe
und die vollkommensten Vorbilder für die
eine wie für die andere finden; daß wir
in ihnen nie zu weit gehen können; daß
wir immer hinter dem zurückbleiben, was
der Vater und der Sohn von uns in dieser
Hinsicht erwarten und uns gebieten; und
daß die gänzliche Vollendung dieser Liebe,
die in ihrem Ursprunge eins und in ihrem
Gegenstande zweifach ist, für den Himmel
vorbehalten ist, nachdem wir hienieden alles
Mögliche gethan haben, um sie zu erreichen.

Nun, wie steht es mit mir? Kann mir mein Gewissen einigermaßen das Zeugniß geben, daß ich Gott, meinen Vater, und den Nächsten, meinen Bruder, lieben will, zu lieben mich bestrebe, und in der That so liebe, wie ich soll, indem ich wünsche, sie immer mehr zu lieben? Es dürfen aber hier keine Worte, ja nicht einmal Gefühle entscheiden, sondern nur die Wirkungen, welche die wahren Bürgschaften für die innerste Geneigtheit des Willens sind. Keine Prüfung ist für mich wichtiger, keine muß aber auch mit mehr Reife und Geradheit angestellt werden. Ich will daher, um das Vater unser mit mehr Vertrauen sprechen zu können, mein Herz von Zeit zu Zeit hinsichtlich dieser zwei Punkte prüfen; ich will Gott bitten, er möge es zu dieser Prüfung so vorbereiten, wie es vorbereitet sein soll, und ich will es selbst mit seiner Gnade so vorbereiten; denn

sonst könnte meine Seele leicht anders gesinnt sein, als mein Mund spricht, und
ich wäre in Gefahr, von meinem himmlischen Vater verworfen zu werden.

Der du bist in dem Himmel.

Der Himmel, welcher die Wohnung
Gottes ist, ist nicht dieser materielle und
sichtbare Himmel, an dem die Gestirne
glänzen. Dieser ist zu unserm Nutzen erschaffen worden; und vor seinem Dasein
war Gott und wird einst auch nach seiner Zerstörung ewig in dem Himmel sein,
der ihm zukommt, d. h. in seiner eigenen
Unermeßlichkeit. Er hat keinen andern
Ort als sich selber; er ist nirgends weder auf die Weise der Körper noch selbst
auf die Weise der übrigen Geister. Nur
um sich unserer unvollkommenen Vorstell-

ungsweise anzubequemen, stellt uns die
Schrift den Himmel als die Wohnung
Gottes dar, damit wir darunter verstehen
sollen, daß diese Wohnung diejenige ist,
wo das Licht, die Ordnung, die Reinheit
herrschen, aber ein Licht, eine Ordnung,
eine Reinheit, welche alle unsere Vorstellungen und Begriffe übertreffen.

Was es nun aber für ein Himmel
sei, wo wir einst einen Platz zu bekommen hoffen, mein Vater ist im Himmel
und ich, ich bin auf Erden. Der Himmel
ist also mein wahres Vaterland, d. h.
die Region, wo mein Vater wohnt; und
die Erde ist für mich ein Ort der Verbannung, eine fremde Wohnung, in der
ich mich nur im Vorübergehen aufhalte,
und wo ich keine bleibende Stätte habe.
Hier zeigt sich mein Vater nicht meinen
Blicken; ich kenne ihn hier nur aus seinen Werken und aus dem, was mir der
Glaube von ihm offenbart; ich kann folg-

2**

lich hier nicht glückselig sein, weil ich es
erst sein werde, wenn ich ihn sehen werde,
wie er ist.

Der Himmel, die Wohnung meines
Vaters, ist der Inbegriff aller wahren,
unveränderlichen, ewigen Güter. Die
Güter, welche mir die Erde darbietet,
haben nur in Bezug auf das gegenwärtige Leben etwas Wirkliches, welches selber nur ein Traum, ein Dunst ist, der,
kaum bemerkt, wieder verschwindet. Diese
Güter sind nur ein leerer Schein; sie
haben keinen Bestand; sie vergehen mit
der Zeit; einst werden sie zerstört; und
in dem Augenblicke, wo mich der Tod
hinwegrafft, sind sie nicht mehr für mich.

Ist dieses der Fall, wie ich nicht
daran zweifeln kann, wenn ich ein Christ
bin, welche Thorheit ist es dann nicht,
an der Erde zu kleben, für welche ich
nicht erschaffen bin, und welche selber
nur für meine leiblichen Bedürfnisse wäh-

rend der Zeit meiner Verbannung erschaffen ist; auf ihr eine bleibende Wohnung, ein dauerndes Glück, wahre Genüsse zu suchen, wie wenn ich sie auf ihr
finden könnte; leidenschaftlich dafür eingenommen zu sein, mich zu bemühen und
zu beunruhigen, Pläne zu bilden, deren
Gelingen selbst nur zu oft zu meiner
Qual gereicht? Welche noch weit größere
Thorheit ist es nicht, der Erwerbung und
dem Besitze dieser falschen Güter mein
Gewissen und das ewige Heil meiner
Seele zu opfern! Wie sehr muß ich nicht
durch meine Leidenschaften verblendet sein!
Wo ist denn meine Vernunft? wo ist
mein Glaube? Selbst wenn Alles für
mich mit dem Leben ein Ende nähme,
selbst wenn ich gänzlich stürbe, und ich
keinen Himmel zu hoffen hätte, müßte ich
nicht selbst dann zu meiner eigenen Ruhe
in dem Verlangen nach den irdischen Gütern und in ihrem Gebrauche mäßig sein?

Ach, mein Gott! muß ich mich denn selbst
so entwürdigen und erniedrigen! muß ich
denn meine hohe Bestimmung vergessen,
verachten, mit Füßen treten!

Mein Vater hat mich nur für sich
und für den Himmel erschaffen. Alles,
was nicht Gott ist, ist zu klein für das
so große Fassungsvermögen meines Herzens. Es liegt in meinem innersten Wesen ein unsterbliches Verlangen; der bloße
Gedanke an meine Vernichtung macht mich
schaudern; mein innerster und beständiger
Wunsch ist, immer fortzubauern und im-
merdar glückselig zu sein. Der Glaube
zeigt mir den Himmel als den Ort meiner ewigen Glückseligkeit; er zeigt ihn
mir als das Erbe, welches mir mein Vater verheißen, welches mir sein eingebor-
ner Sohn mit seinem Blute erworben
hat, auf das ich ein Recht habe, weil ich
ein Christ und ein Kind Gottes bin,
welches Recht ich nur durch meine eigene

Schuld verlieren kann. Und ich richte
nicht alle meine Gedanken und alle meine
Neigungen auf den Himmel, und ich seufze
nicht unaufhörlich nach ihm, und ich gehe
nicht meinem Vaterlande auf dem Wege
zu, den mir Jesus Christus gezeigt hat,
und ich entferne nicht alle Hindernisse,
ich überwinde nicht alle Schwierigkeiten,
welche sich mir darbieten, und ich bleibe
stehen, ich sehe zurück, ich wende meinem
Vaterlande den Rücken! Ich denke so
wenig an den Himmel! ich beschäftige
mich so gar sehr mit der Erde! ich neige
mich zu ihr hinab, wie die Thiere, ich
hänge mein Herz an sie, ich versenke
mich in sie! Ach, ich bin sogar manchmal versucht, den Himmel zu opfern, um
beständig in dieser Welt zu bleiben, obwohl ich in ihr weder glücklich bin noch
es sein kann, wie mich eine fortwährende
Erfahrung überzeugt. Ist das begreiflich?

Und dennoch ist dieß bei so vielen

Christen der Fall. Vielleicht war es bei
mir selber schon, vielleicht ist es gar noch
der Fall. Und wenn ich auch die Sache
nicht auf's Aeußerste getrieben habe, muß
ich mir nicht doch wenigstens den Vorwurf
machen, daß ich die Dinge hienieden zu
sehr schätze, zu sehr liebe, auf meine
Reichthümer stolz bin, oder mich meiner
Armuth schäme, mich denen vorziehe,
welche an Geburt, an Gütern, an Ehren,
an Macht, an Ansehen unter mir stehen,
oder diejenigen beneide, welche mich durch
diese eiteln Vorzüge übertreffen, mehr
darauf bedacht bin, sie zu bewahren und
zu vermehren, als mir einen Schatz von
Verdiensten und von Herrlichkeit für den
Himmel zu sammeln?

Gleichwohl spreche ich alle Tage:
Unser Vater, der du bist im Himmel; allein indem ich es spreche, fällt
es mir gar schwer, meine Gedanken und
meine Wünsche zum Himmel zu erheben;

ich habe nur ein schwaches Verlangen nach der unaussprechlichen Freude, meinen Vater zu sehen und ihn zu besitzen; ich schmachte nicht, wie die Heiligen, in der Erwartung des Augenblicks, der mich mit ihm vereinigen wird; ja fast fürchte ich diesen Augenblick, und möchte gar nicht an ihn denken. Ach, dieß kommt daher, weil ich meinen Vater nicht genug liebe; daher, weil ich mich von der Heiligkeit so weit entfernt fühle, welche nothwendig ist, um seine Gegenwart genießen zu können; daher, weil ich es mir zu wenig angelegen sein lasse, nach dieser Heiligkeit zu streben. Ach, wie viel Ursache habe ich, mich zu demüthigen und mich zu schämen! Aber, o mein Gott! möchte ich mich doch nicht bloß demüthigen und mich schämen, sondern auch von diesem Augenblicke an anders gesinnt sein und handeln! Ja, das will ich, und du selbst verleihst mir diesen Willen; ach, setze das Werk deiner

Gnade in mir fort und vollende es; und
ist es nöthig, so erfülle die wenigen Tage,
die ich noch auf Erden zuzubringen habe,
mit so vielen Widerwärtigkeiten und Bit-
terkeiten, daß ich trotz der Natur gleichsam gezwungen werde, unaufhörlich nach
der seligen Wohnung der Ewigkeit zu
seufzen.

Geheiligt werde dein Name.

Der Ordnung gemäß, in welcher Jesus Christus die Bitten, welche sein Gebet bilden, uns vortragen lehrt, ist es
einleuchtend, daß es die erste Pflicht des
Christen ist, vor Allem die Heiligung des
Namens Gottes, seines Vaters, zu wünschen und zu verlangen. Dieser, an sich
selbst schon unendlich heilige Name wird
durch die Christen geheiligt, wenn sie seine

Heiligkeit anerkennen und anbeten; wenn sie ihm durch die Verehrung, welche sie ihm erweisen, und durch den Tribut ihres Lobes verherrlichen; wenn sie es nicht bloß mit der äußersten Sorgfalt vermeiden, ihn zu entweihen und zu verunehren, sondern auch alle ihre Gedanken, alle ihre Worte, alle ihre Handlungen auf seine Verherrlichung richten; und wenn diese Absicht in ihrem ganzen Lebenswandel die erste und hauptsächlichste ist, wie sie es sein soll.

Welches ist in der That mein End=zweck? Dieser ist es, für die Verherrlichung Gottes zu leben. Warum hat er mich erschaffen und alle Dinge gemacht? Zu seiner Verherrlichung. Worauf ist er unendlich eifersüchtig? Auf seine Ehre. Er, der uns alle seine Reichthümer schenkt, so zwar, daß er einst seine eigene Glückseligkeit mit uns theilen will, welches Gut allein will er selbst besitzen, welches kann er

uns nicht einmal mittheilen, und muß er
also nothwendig für sich selbst behalten?
Seine Ehre. Er billigt, er belohnt in
uns nur das, was zu seiner Ehre geschieht, und was sich wenigstens indirect
auf sie bezieht. Was nichts zu seiner
Ehre beiträgt, das ist für uns verloren,
und hat kein Verdienst vor ihm. Was
mehr oder weniger seine Ehre verletzt,
das mißfällt ihm, das beleidigt ihn, das
erregt seinen Zorn und kann uns nur
seine Strafen zuziehen, wenn es nicht
durch eine aufrichtige Reue wieder gut
gemacht wird.

Bin ich von dieser großen Wahrheit
recht überzeugt, welche die Grundlage der
Religion und der Moral und zugleich die
Quelle und der Grund meiner Glückseligkeit ist? Denn meine erste Angelegenheit ist die Angelegenheit Gottes; ich
sichere mir alle Güter, wenn ich mich bestrebe, ihn zu verherrlichen. Das Stre-

ben nach seiner Ehre ist etwas so Er-
habenes, daß es im höchsten Grade Alles
enthält, was mir für dieses und für das
andere Leben Gewinn verschaffen kann;
wenn ich mich mit dem beschäftige, was
sich auf Gott bezieht, so verpflichte ich
ihn, auf eine besondere Weise für das zu
sorgen, was sich auf mich bezieht. Was
thue ich also, wenn ich mich im Dienste
Gottes mit mir selbst beschäftige, und
fast Alles auf mich selbst beziehe? Wenn
ich auch nicht geradezu meinem Heile
schade, so schade ich doch gewiß meiner
Vollkommenheit; ich genieße ferner nur
unvollkommen die Glückseligkeit, welche hienieden mit der Heiligkeit verbunden ist; und
endlich wird der Lohn, der mir dort oben
verheißen ist, eine beträchtliche Vermin-
derung erleiden.

Dieses verdient gewiß, daß so viele
von ihrem eigenen Nutzen beherrschten
Seelen, welche sich mit ihm auch in ihren

frommen Uebungen und in ihren guten
Werken viel zu sehr beschäftigen, ihr
ernstestes Nachdenken darauf richten. Doch,
darf ich von Anderen reden? bin ich
nicht etwa selber von dieser Art? Habe
ich bis jetzt vor Allem und in Allem die
Ehre des himmlischen Vaters gesucht?
Ist sie der Gegenstand, womit sich mein
Geist am Oeftesten und am Liebsten beschäftigt? Betrübt mich in den Sünden,
die ich begangen habe, erweckt in mir die
lebhafteste Reue dieser Gedanke, daß ich
die Heiligkeit Gottes verunehrt, gegen
seine Ehre gehandelt habe? Wenn ich
zu ihm bete, bin ich vor Allem darauf
bedacht, ihn zu loben, ihn wegen seiner
anbetungswürdigen Vollkommenheiten zu
preisen, seine Wohlthaten auf's Dankbarste
anzuerkennen, mich ihm darzubringen, damit er durch mich geehrt werde, und mich
vor ihm auf's Allertiefste zu bemüthigen?
Bin ich in seiner Gegenwart mit

etwas Anderem als mit mir und mit
meinen Bedürfnissen beschäftigt? Kommt
mir nie der Gedanke, er möchte mich vergessen, wenn ich mich selbst vergesse, um
nur an ihn zu denken? Bitte ich ihn
recht oft aus innerstem Herzen, er möchte
die Heiligung seines Namens fördern,
bewirken, daß er so vielen Ungläubigen
bekannt werde, die ihn nicht kennen, und
daß ihm die ganze Welt die Ehrfurcht
und die Huldigungen erweise, welche ihm
gebühren? Ist dieß der vorzüglichste
Wunsch meines Herzens? Verschmachte
ich, werde ich von Eifer verzehrt, wie
David, wenn ich öffentliche Aergernisse
und Fortschritte in der Gottlosigkeit und
Zügellosigkeit sehe? Gewährt es mir die
größte Freude, wenn ich Ereignisse sehe
oder erfahre, welche zur Ehre Gottes,
zur Verbreitung des Glaubens, zur Besserung der Sitten, zur Erneuerung der
Frömmigkeit, zur öffentlichen Erbauung

beitragen? Wenn die Ehre des Vaters
auch die Ehre der Kinder ist, kann ich es
mir dann verhehlen, daß ich noch sehr
weit von den Gesinnungen entfernt bin,
welche ein Kind Gottes kennzeichnen, daß
ich gar wenig Liebe zu ihm habe, gar
wenig für ihn thue?

O mein Vater, ich flehe auf's In-
brünstigste zu dir, gib mir ein besseres,
ein kindlicheres Herz. Flöße mir jetzt für
mein ganzes noch übriges Leben den festen
und unverbrüchlichen Vorsatz ein, deinen
Namen in allen Dingen ohne Ausnahme
durch meine Gedanken und meine Absichten, durch meine Neigungen und meine
Wünsche, durch meine Reden und meine
Handlungen zu heiligen; ihn täglich auf
eine reinere und deiner würdigere Weise
zu heiligen; Alles zu thun, damit er von
allen denjenigen geheiligt werde, welche
von mir abhängen, und auf welche ich
einen Einfluß haben kann; mich aus al-

len meinen Kräften und wenigstens durch
meine Gebete, meine Seufzer und meine
Thränen, die ich vor dir vergieße, dem
Strome der Gottlosigkeit, des Unglau-
bens, der Zügellosigkeit zu widersetzen, der
Alles zu verschlingen droht. Nie vielleicht haben deine Kinder Grund gehabt,
dich inständiger zu bitten, daß dein
Name geheiligt werde; und das
Uebel ist so weit gekommen, daß nur du
allein es heilen kannst. Ich vereinige
mich jetzt, und will mich, so lange ich
noch lebe, mit den heiligen Seelen vereinigen, welche dir, um so viele Verun-
ehrungen wieder gut zu machen, unaufhörlich ihre Gebete, ihre Communionen,
ihre Fasten und Kasteiungen, ihre Leiden
und ihr Leben selbst aufopfern.

Die Heiligung des Namens Gottes
ist für einen jeden Christen ein Geschäft
von der weitesten Ausdehnung, oder vielmehr es umfaßt gewissermaßen alle Au-

genblicke und alle Umstände unsers Lebens, und nimmt alle unsere Fähigkeiten
und alle unsere Talente in Anspruch. Sie
verlangt von denjenigen, welche sie recht
zu Herzen nehmen, eine beständige Wachsamkeit über sich selbst, eine große Reinheit der Absicht, eine beständige Treue
gegen die Gnade. Christliche Seele, ist
es dir ein rechter Ernst, den Namen
Gottes zu heiligen, so kannst du nichts
Besseres thun, als dich gänzlich Gott zu
überlassen, damit er selbst seinen Namen
in dir und durch dich auf diejenige Weise
heilige, wie er will, und wie er dir nur
dann kund gibt, wenn du ihn zum un-
umschränkten Herrn über dich machest.
Diese deine gänzliche Hingebung ist an
sich schon die vollkommenste Art, auf
welche du diesen anbetungswürdigen Namen heiligen kannst; und überläſſeſt du
Gott ganz und gar deine Freiheit, so
entferneſt du damit jedes Hinderniß, dich

ganz und gar seiner Ehre zu weihen. Er
allein weiß, worin, wie und wie sehr er
durch dich geheiligt werden soll; er allein
kann dir die Mittel dazu darbieten; er
verlangt nur deine Mitwirkung, welche eine
volle und ganze sein wird, wenn er dich
als ein williges und nach seinem Wohlgefallen lenkbares Werkzeug in seiner Hand
hält. Alle deine eigenen Gedanken und
eigenen Unternehmungen, welche du mit
seinem Willen verbinden, Alles, was du
ohne den Antrieb seiner Gnade thun wür-
dest, das würde das Werk nicht fördern,
sondern nur verhindern. Durch diese un-
bedingte Abhängigkeit von ihm und seiner Gnade befreiest du dich von aller
Unruhe, von aller Furcht, von jedem
Mißgriffe, von jeder Täuschung; du ver-
wahrest dich vor der doppelten Klippe des
Kleinmuths und der Vermessenheit; und
du hast die sicherste moralische Gewißheit,
daß du den Namen Gottes so vollkom-

men heiligeſt, als du fähig biſt, weil
alsdann eigentlich nur er ſelbſt ihn heiligt, und du nur mit ihm wirkeſt.

Dein Reich komme.

Das Reich, welches wir hienieden
Gott wünſchen, iſt nicht die Herrſchaft,
welche er nothwendig mit der höchſten
Macht und der vollkommenſten Unabhängigkeit als einziger Schöpfer und Herr des
Weltalls über die Natur ausübt. Niemand kann ihm dieſes Reich, dieſe Herrſchaft entreißen, ſie vermindern, mit ihm
theilen, ſie ſtören oder ihre Ausübung nur
im Allerminbeſten verhindern. Wir ſind
ihr ſammt allen übrigen Creaturen unterworfen; und wir könnten uns ihr nicht entziehen, wenn wir es auch noch ſo heftig wünſch-
ten und uns alle erdenkliche Mühe gäben.

In dieser Bitte des Vaterunsers handelt es sich um ein moralisches Reich, um eine moralische Herrschaft, welche Gott nur mit unserer Zustimmung über unsern Willen ausübt, welcher wir uns freiwillig unterwerfen, so wenig wir auch ein Recht haben, uns ihr zu widersetzen, und welche nie über unsern Gehorsam hinausgeht. Dieses Reich, diese Herrschaft ist verherrlichend für Gott, weil da nichts gezwungen geschieht, sondern Alles die Folge unseres freien Willens ist. Gott schlägt uns vor, ihn als König anzuerkennen; er ladet uns dazu ein, er fordert uns bringend dazu auf; er befiehlt es uns, und verbindet mit diesem Befehle Belohnungen und Drohungen, aber er bedient sich keines Zwanges. Und in der That, wozu sollte auch der Zwang dienen, wenn davon die Rede ist, unser Herz zu gewinnen, über welches die Gewalt nichts vermag, und welches an diesem Orte der Prüfung im-

mer sprechen kann: Ich will, oder ich
will nicht, daß Gott über mich herrsche.

Es ist allerdings im äußersten Grade
billig, daß ein solcher Vater, wie Gott
ist, über seine Kinder herrsche; die Liebe,
welche sie ihm schuldig sind, machen ihnen
eine Unterwürfigkeit und einen Gehorsam
ohne Grenzen zum Gesetze; und in diesem
Gesetze kann nichts Hartes, nichts Be-
schränkendes für wahre Kinder Gottes
liegen; sie müssen vielmehr ihre Ehre und
ihr Glück darein setzen, es zu beobachten,
und mit Freuden alle Opfer darbringen,
die es verlangt. Uebrigens enthält die
Herrschaft Gottes nichts in ihrem Zwecke,
das uns nicht ermunterte, uns ihr zu unterwerfen, da sie einzig und allein unser
Bestes im Auge hat; und er übt sie mit
einer solchen Milde, mit einer solchen
Mäßigung und mit so vielen Rücksichten
für unsere Freiheit aus, daß er sie uns
unendlich liebenswürdig macht.

Ich spreche alle Tage zu Gott: Dein
Reich komme. Sind dieß aber nicht
leere Worte, die aus meinem Munde
kommen, ohne daß mein Herz fast irgend
einen Antheil daran nimmt, so ist es
offenbar, daß ich mich dadurch verpflichte,
ihn vor Allem über mich selbst herrschen
zu lassen, dann zu wünschen, daß er über
alle Andern herrsche, und dazu beizutra-
gen, so weit es mir in meinem Stande
und in der Stellung, die ich in der Welt
einnehme, möglich ist. Ich will nun
sehen, wie ich diese Pflichten erfülle.

Herrscht Gott über meinen Geist?
regiert er die Gedanken desselben? leitet
er seine Urtheile? Statt in Allem dem
Geiste Gottes zu folgen, höre ich nicht
vielmehr nur auf meinen eigenen Geist?
Nehme ich keine Rücksicht auf die Art und
Weise, wie die Welt denkt, von der ich
doch weiß, daß sie der Art und Weise,
wie Gott denkt, ganz entgegengesetzt ist?

Wenn ich nicht leichtfertig über diese Prüfung hinweggehe, so werde ich gar Vieles in meinen Gedanken, Urtheilen, Begriffen und Vorstellungen zu verbessern finden. Diejenigen, sagt der heilige Paulus, welche vom Geiste Gottes geleitet werden, sind Kinder Gottes. (Röm. 8, 14.)

Diejenigen also, welche sich von einem andern Geiste leiten lassen, gehören nicht zu den Kindern Gottes. In diesem Ausspruche des Apostels, der unbedingt ist und keine Ausnahme, keinen Vorbehalt gestattet, liegt Vieles, was mich mit Schrecken erfüllt.

Werde ich vielleicht zu meiner Beruhigung sagen, daß ich mich in den wesentlichen Dingen vom Geiste Gottes leiten lasse, und daß ich meinem eigenen Geiste und dem Geiste der Welt nur in denjenigen Dingen folge, welche eine untergeordnete Bedeutung haben? Doch da

leuchtet es ja gleich ein, daß ich mich in
diesen letzten Dingen nicht als ein Kind
Gottes verhalte und mich also in dieser
Hinsicht dieses Namens unwürdig mache.
Ist es ferner nicht ebenso einleuchtend,
daß ich mich, wenn ich in den Punkten,
welche ich für keine wesentlichen halte,
dem Geiste der Welt oder meinem eigenen
folge, der Gefahr aussetze, ihm auch in
den wesentlichen zu folgen, und mich also
vom Geiste Gottes trenne?

Doch fassen wir die Sache in's Auge.
Welches sind denn die Dinge, in welchen
ich meine, es sei mir erlaubt, nach den
Begriffen der Welt und nach meinen
eigenen, und nicht nach den Begriffen
Gottes zu urtheilen? Die Welt und der
eigene Geist verwerfen alle Grundsätze des
Evangeliums, die der Geist Gottes aus-
gesprochen hat, hinsichtlich der Lossagnng von
den Reichthümern, den Herrlichkeiten und den
Freuden der Erde; hinsichtlich der Selbstent-

sagung und der Nothwendigkeit, sein Kreuz zu
tragen; hinsichtlich der Liebe Gottes und des
Nächsten, die wo möglich bis zur gänzlichen
Vertilgung der Eigenliebe gehen soll; hinsichtlich der Sanftmuth, der Geduld, der
Demuth, der Reinheit, der Absicht; hinsichtlich der Begierlichkeit des Fleisches,
der Begierlichkeit der Augen und des
Stolzes des Lebens. Darf ich sagen, daß
ich in diesen und mehreren andern ähnlichen Punkten nach dem Geiste Gottes
ohne Rücksicht auf mein eigenes Urtheil
und das der Welt urtheile? Darf ich sagen, daß ein einziger von diesen Punkten
für einen Christen von geringer Bedeutung ist, und daß man ohne Gefahr anders als Gott darüber urtheilen kann? Darf
ich endlich bestimmen, was bei einem jeden
von diesen Punkten wesentlich, und was
nicht wesentlich ist, und genau die Grenzen bestimmen, wo man ohne Gefahr für
das Heil von dem Urtheile Gottes ab-

sehen und anfangen darf, nach seinen
eigenen Begriffen und nach jenen der
Welt zu urtheilen?

Selbst unter jenen Personen, welche
sich dem frommen Leben weihen, gibt es
trauriger Weise viele, welche Gott nicht
ungehindert über ihren Geist herrschen,
ihre Vorstellungen und ihre Verhaltungsweise hinsichtlich der Frömmigkeit leiten
lassen. Wenn man einzig vom Geiste
Gottes geleitet würde, so wären die falschen Andachten, die unvollkommenen und
verkehrt aufgefaßten Andachten nicht so
allgemein; man würde mehr mit dem
Herzen als mit dem Munde beten; man
würde sich mehr bestreben, das Innere zu
verbessern, als das Aeußere wohl zu ordnen; man würde mehr darauf sehen,
seine Standespflichten zu erfüllen, als sich
mit frommen Uebungen zu überladen und
sie so zu vervielfältigen, daß die Zeit
nicht mehr dazu hinreicht; lieber folgsam

3 **

zu sein, als eigensinnig und hartnäckig nachzugrübeln; sich lieber von denjenigen beurtheilen zu lassen, welche uns führen, als sich selber und vielleicht seine Führer zu beurtheilen; lieber seine guten Werke zu verbergen, als sie öffentlich bekannt zu machen, lieber seine Gemüthsart der Gnade zu unterwerfen, als die Gnade seiner Gemüthsart anzubequemen; man wäre endlich, um nicht zu weitläufig zu sein, weit mehr darauf bedacht, sich zu prüfen, sich zu verwerfen, sich zu bessern, als Andere zu beobachten, zu tadeln, zurechtzuweisen. Man würde von der christlichen Vollkommenheit richtiger, edler, weitherziger urtheilen, und nicht kleinlich und gar zu ängstlich, oder übertrieben streng, oder zu nachgiebig gegen die Natur sein. Wenn Gott über unsern Geist herrschte, so würde es diese Herrschaft nicht zulassen, daß man seine Verhaltungsweise ändert und beständig von einer Methode zu

andern übergeht; sie würde uns in der Ein-
förmigkeit, in einer vollkommenen Gleich-
heit der Gemüthsstimmung, in einem
geistlichen Frieden und Freudigkeit erhalten, welche nichts trüben und stören
könnte.

Herrscht Gott über unser Herz? Ist
er der Herr über die Regungen und
Neigungen desselben? Ist er es, der sie
erweckt, sie leitet, sie gebietet? Suche ich
mich unter der Leitung Gottes so viel als
möglich von dem Sauerteige der Eigenliebe, dieses Feindes aller wahren Liebe,
und selbst der rechtmäßigen und wohlver-
standenen Liebe, die ich zu mir haben
darf, zu reinigen? Hauptsächlich aus meiner Aufmerksamkeit, womit ich der Eigenliebe nachspüre, die so geschickt ist, sich zu
verstellen, aus meinem Muthe und meinem Eifer, womit ich sie angreife und
verfolge, aus meiner Entschlossenheit, sie
in nichts zu schonen, kann ich schließen,

ob das Reich Gottes in meinem Herzen
gegründet ist.

Vielleicht habe ich keine strafbaren
Neigungen. Habe ich aber nicht doch
gefährliche? Habe ich nicht eitle und un=
nütze? Habe ich nicht übermäßige, wenn
sie auch an sich erlaubt sind? Habe ich
nicht rein natürliche, die zu heiligen meine
Pflicht ist, und die Gott gewiß heiligen
würde, wenn er mich beherrschte?

Das Hauptbestreben des Christen muß
das sein, sein Herz kennen zu lernen.
Wird er aber dazu fähig sein, wenn ihn
nicht das göttliche Licht erleuchtet? Und
theilt Gott dieses Licht reichlich, zu jeder
Zeit, über alle Gegenstände, selbst die
zartesten und unmerklichsten Andern als
Solchen mit, über welche er unumschränkt
herrscht? Das wichtigste Geschäft, womit
sich der Christ befassen soll, ist die Bes=
serung seines Herzens. Wird er aber
den Willen haben, dieß zu unternehmen,

wird er die Kraft haben, es ausführen
zu können, wenn ihm Gott nicht diese
und jenen in allen den Augenblicken gibt,
wo es nöthig ist? Und wem gewährt er
sie in dem Grabe, der zur Vollendung
dieses großen Werkes nöthig ist, sonst
als denjenigen, welche sich ihm hingegeben haben, damit er über sie herrsche,
damit er sie zu Menschen nach seinem
Herzen mache? Der Erfolg dieses Werkes hängt allerdings von uns ab; aber
er hängt doch noch mehr von Gott ab;
und Gott arbeitet nur für diejenigen mit
einer besondern Neigung und Liebe daran, welche ihm kein Hinderniß entgegen-
setzen, und zwar nicht hinsichtlich der Natur,
sondern hinsichtlich des Willens. O welcher Unterschied hinsichtlich der Reinheit
des Herzens ist zwischen demjenigen, der
Gott zum Herrn über seine Freiheit gemacht hat, und demjenigen, der noch in
gewissen Dingen und bis zu einem ge-

wissen Punkte, den er nicht bestimmen
kann, und bei dem, wenn er ihn bestimmen könnte, stehen zu bleiben, für ihn
sehr schwer, wenn nicht gar unmöglich
wäre, sein eigener Herr sein will!

Herrscht Gott einmal über den Geist
und das Herz, dann wird er bald auch
über alles Uebrige herrschen. Alles wird
ihm gehorchen; nichts wird ihm wider-
stehen, oder er wird leicht die Widersetz-
lichkeiten der verderbten Natur, die Leidenschaften und selbst die eingewurzeltsten
Gewohnheiten unterdrücken. Welche Ordnung, welche Harmonie, welche Heiligkeit ist
in dem innern und äußern Verhalten eines
Christen, den Gott auf diese Weise regiert! Alles ist übernatürlich in ihm, und
zugleich so einfach, so einförmig, so unge-
künstelt, daß er selbst zu handeln scheint,
obwohl ihm die Gnade zu Allem den Antrieb gibt.

Um dieß nun bitte ich Gott zu sei-

ner Ehre und meiner Heiligung, wenn
ich zu ihm sage: Dein Reich komme.
Habe ich das rechte Verständniß von dieser Bitte? Spreche ich sie aufrichtig aus?
Nein, ich will nicht ihre gänzliche Erfüllung,
wenn ich mich nicht Gott ganz unbedingt
hingebe. Seine Herrschaft über mich muß
die Wirkung meines vollen und ganzen
Willens sein; und ich scheine mich ihr in
vielen Fällen nur ungern als einem lä-
stigen Joche zu unterwerfen, das ich ab-
schüttle, sobald ich kann. Sie darf keine
Grenzen haben; und ich beschränke sie, ich
setze ihr in tausend Dingen Grenzen, wo
ich ein Recht über mich selbst behalten will.

Doch ich thue diese Bitte nicht für
mich allein. Ich muß sie für alle Christen und für alle Menschen thun. Ich
soll wünschen, daß das Reich Gottes sich
überall ausbreite, daß es kein vernunft-
begabtes Geschöpf auf Erden gebe, das
ihm nicht unterworfen sei; daß die wahre

Religion mit ihren Glaubens- und Sitten-
lehren in allen künftigen Zeiten, in allen
Ländern so vollkommen gekannt, geliebt,
und so ausgeübt werde, als sie verdient,
und die Menschen fähig sind; kurz, daß
die ganze Welt nur eine in Allem von
der Gnade abhängende Gemeinde von
Heiligen sei. Und ich soll nach meinem
Stande, nach meinen Talenten, nach den
Verhältnissen, in welche mich die Vorsehung gesetzt hat, aus allen meinen Kräften für die Gründung dieses Reiches arbeiten. Nach diesem Ziele soll die Ausübung der Gewalt eines Herrschers über
seine Unterthanen, einer Obrigkeit über
die ihrer Ueberwachung Untergebenen, eines
Vaters über seine Kinder, eines Herrn
über seine Diener, der Lehrer und Leh-
rerinen über die ihnen anvertraute Jugend streben. Das Reich Gottes in der
Seele zu gründen, ist insbesondere der
Zweck des Amtes der Priester, und sie

sollen sich diesem ganz und gar weihen.
Es liegt mir ob, zu sehen, welche Pflichten ich in dieser Hinsicht habe, wie ich
sie erfülle, warum ich ihnen nicht, oder
nicht gehörig nachkomme, und mit Schrecken an die strenge Rechenschaft zu denken, welche ich einst darüber zu geben habe.

Mein Vater verheißt mir, mich ewig
mit sich im Himmel regieren zu lassen,
wenn ich ihn hienieden über mich und
über Andere, insofern sie von mir abhängen, regieren lasse. Jesus Christus,
der als König auf dem Throne seines Vaters sitzt, will ihn mit mir theilen, wie
er ausdrücklich erklärt hat (Apoc. 3, 21.).
Dieses Regieren Gottes und der Auserwählten mit Gott in der Ewigkeit ist das
große Ziel, nach dem die Bitte des Vaterunsers strebt; dieß ist das Reich, nach
dem ich zur Ehre Gottes und zu meiner
Seligkeit aus allen meinen Kräften streben soll, indem ich sorgfältig die Beding-

ung erfülle, welche mir den Genuß desselben sichert, und die Herrlichkeiten, die
Reichthümer, die Freuden der Erde, die
im Vergleiche damit nichts sind, verachte.

Dein Wille geschehe auf Erden wie im Himmel.

Derjenige, welcher uns hier für uns
und für unsere Brüder um die Erfüllung des Willens des himmlischen Vaters
bitten lehrt, ist der Sohn Gottes selber,
welcher vom Himmel herabgekommen ist,
um den Willen seines Vaters zu thun,
dessen Speise es gewesen ist, diesen heiligen Willen zu erfüllen, der sich ihm im
ersten Augenblicke seines Eintrittes in diese
Welt geweiht und immer und in Allem
gethan hat, was das Wohlgefallen seines
Vaters war. Wenn Jesus Christus, ob-

wohl er Gott war, wegen seiner Menschheit dem Willen seines Vaters sich unterwerfen mußte, und wenn er wirklich bis zum Tode, ja bis zum Tode am Kreuze unterworfen und gehorsam war, wie viel mehr müssen dann nicht wir Gott unterworfen sein, die wir nur bloße Geschöpfe sind, denen derjenige, welcher Gott von Gott ist, das Beispiel dazu gegeben hat, weil er sich uns ähnlich gemacht hatte und an unsere Stelle getreten war?

Und wie sollen wir den göttlichen Willen erfüllen? Wie ihn die seligen Geister und die Heiligen im Himmel erfüllen, mit derselben Treue, derselben Bereitwilligkeit, derselben Liebe, derselben Uneigennützigkeit. Das Wohlgefallen Gottes ist die höchste Richtschnur der Bewohner des Himmels. Sobald es ihnen angedeutet wird, richten sie sich mit ihrem ganzen Wesen darnach; sie unterlassen nichts; sie entziehen sich keinem Punkte, sie führen

4*

keine Entschuldigung an; es kommt ihnen
dieß gar nicht in den Sinn. Sie denken
nicht über den empfangenen Befehl nach,
sondern sie vollziehen ihn; sie überlegen
nicht, sondern sie handeln; sie zögern nicht,
sondern sie verlassen Alles und sind im
Augenblicke da, wohin sie Gott sendet.
Sie kennen nicht bloß kein Widerstreben,
sondern sie zeigen eine unbeschreibliche
Eilfertigkeit, Eifer und Freude; sie gehorchen, weil sie lieben, und so sehr, als
sie lieben; und sie setzen ihre ganze Glückseligkeit in's Gehorchen. Ihre Uneigennützigkeit ist so rein, daß sie gar nicht an
sich selber denken; und auf das geringste
Zeichen des Wohlgefallens Gottes wären
sie bereit, selbst ihre Seligkeit zu opfern.
Dieß ist das Vorbild, welches uns Jesus Christus in seinem Gebete vorhält,
und welches er selbst unendlich übertrof-
fen hat.

Wenn es billig ist, daß der Wille

Gottes das einzige Gesetz des Himmels
sei, ist es dann nicht billig, daß er auch
das einzige Gesetz der Erde sei? Sind
wir weniger seine Geschöpfe als die himmlischen Geister und die Seligen? Erstreckt
sich seine Herrschaft nicht eben so sehr
über uns, wie über sie? Haben wir Rechte
und Vorzüge, die sie nicht haben? Und
wenn die Gleichförmigkeit mit dem göttlichen
Willen die Hauptquelle ihrer Glückseligkeit
ist, warum sollte sie nicht auch hienieden
die Hauptquelle unserer Glückseligkeit sein?
Der ganze Unterschied zwischen ihnen und
uns ist, daß wir uns noch auf der Laufbahn befinden, und es uns folglich noch
freisteht, zu gehorchen oder nicht zu gehorchen, während sie am Ziele sind, ihr
Zustand bestimmt und unwandelbar ist,
und sie durch das Anschauen und den
Besitz Gottes entschlossen sind, nie von
seinem Willen abzuweichen. Allein dieser Unterschied gereicht in mehr als einer

Hinsicht zu unserm Vortheile. Dort
oben ist der Gehorsam ein Lohn, hienieden ist er ein Verdienst. Unser Gehorsam ist eigentlich allein für Gott verherrlichend, weil er unser freier Gehorsam ist, während ihr Gehorsam, so freiwillig er auch ist, doch eine nothwendige
Folge ihres Standes ist. Zwar fällt
uns unser Gehorsam schwer, erfordert er
Kämpfe, kostet er uns Opfer; allein gerade dieß macht ihn Gott wohlgefällig
und in seinen Augen kostbar. Wir wünschen, er möchte für uns so leicht sein,
wie für die Seligen. Ist aber dieser
Wunsch vernünftig? stimmt er mit unserm
gegenwärtigen Zustande überein?

Uebrigens haben wir ein Mittel, um
uns den Gehorsam angenehm und leicht
zu machen. Nichts hindert uns, es anzuwenden, oder vielmehr Alles ladet uns
dazu ein. Geben wir uns Gott hin, damit er uns selbst seinen Willen erfüllen

laſſe, indem er unſern Willen durch die
Milde und die Wirkſamkeit ſeiner Gnade
unter den ſeinigen beugt. Ein Hinderniß
dagegen iſt nur dieß, daß wir in wer
weiß wie vielen Fällen Herr über uns
ſelbſt bleiben wollen, daher kommt es,
daß wir das, was Gott will, nicht wollen.
Entſagen wir dieſem unheilvollen Rechte,
welches eine wahre Anmaßung iſt. Anerkennen wir es, daß wir von Gott ihn nur
deßhalb bekommen haben, damit wir ihm
denſelben weihen und nur nach ſeinem
Wohlgefallen Gebrauch davon machen.
Sobald wir ihm denſelben geweiht haben,
wird uns die Liebe lehren, wie ſie die
Heiligen gelehrt hat, hienieden unſern
Ruhm und unſere Glückſeligkeit in die
Unterwerfung unter den Willen Gottes
und in die Gleichförmigkeit mit ihm zu
ſetzen: dadurch werden wir zu all der
Aehnlichkeit mit den Seligen gelangen,
die wir auf Erden zu erreichen vermö-

gen. Wir werden nicht mehr darauf achten, ob der Gehorsam für uns beschwerlich ist, sondern wir werden uns sehr
leicht einige Gewalt für Gott anthun
können. In den verschiedenen Ereignis-
sen des Lebens, welche uns unangenehm
sind, uns demüthigen, uns kreuzigen, werden wir nur das Wohlgefallen Gottes im
Auge haben, und dieß wird unsere Stütze
und unser Trost sein. Wenn wir Wider-
setzlichkeiten von Seite der Natur fühlen,
so wird uns dieß eine Aufforderung sein,
gegen sie zu kämpfen und sie zu überwinden. Was wir endlich auch dem göttlichen Willen für ein Opfer bringen müssen, wir werden es herzlich gern bringen,
indem wir bedenken, daß die Liebe von
Opfern lebt. Einer Seits werden unser
Muth und unsere Uneigennützigkeit stufenweise größer werden; anderer Seits werden
sich die Schwierigkeiten vermindern; und was
uns im Anfange als unmöglich erscheint,

das wird uns in der Folge leicht werden. Am Ende wird der Wille Gottes die Speise unserer Seele sein, so zwar daß sie nicht mehr ohne diesen heiligen Willen leben kann, wie die Engel und die Seligen, so weit dieß unser Zustand dem ihrigen gegenüber zuläßt.

Wie viele Heilige sind nicht schon zu diesem Grade der Vollkommenheit gelangt! Wir sprechen alle Tage wie sie: **Dein Wille geschehe.** Was aber wir gar oft nur mit dem Munde, mit sehr wenig Aufmerksamkeit und gleichsam mechanisch sagen, das sprachen sie aus dem Herzen mit Bewußtsein und aus Antrieb der Gnade. Was wir gar oft eben bloß sprechen, ohne es zur Richtschnur unsers Verhaltens zu machen, das bestrebten sie sich auch beständig auszuüben. Wir haben gleichwohl dieselben Gründe wie sie; wir befinden uns in denselben Fällen; es vergeht kein Tag, wo sich nicht eine Ge-

legenheit darbietet, uns dem Willen Gottes
zu unterwerfen, der gegen den unserigen
ist und uns prüft, indem er uns züchtigt
oder uns auf die Probe stellt. Von diesen
verschiedenen Prüfungen machen wir aber
nicht denselben Gebrauch wie die Heiligen;
wir lehnen uns innerlich auf, wir mur=
ren, wir überlassen uns der Ungeduld,
dem Aerger, der Muthlosigkeit, der Trau=
rigkeit und manchmal gar der Lästerung
und der Verzweiflung. Und was gewin=
nen wir dabei? Wir vermehren unsere
Peinen; und der Wille Gottes geschieht
doch wider unsern Willen, ohne Trost
und ohne Verdienst für uns.

Ist es möglich, daß wir, da uns ein
so sicherer, so kurzer, so einfacher, nicht
bloß den Grundsätzen des Glaubens, son=
dern auch den Begriffen der Vernunft so
angemessener Weg zur Heiligkeit geöffnet
ist, der zugleich auch so leicht, so ange=
nehm und so tröstend ist, uns weigern,

darauf zu wandeln? Was sollen wir nämlich thun? Das in jedem Augenblicke
wollen, was Gott will, und nicht wollen,
was er nicht will. Unsere Vollkommenheit und selbst unsere gegenwärtige Glückseligkeit hängen von diesem einzigen Punkte
ab. Wir können daran nicht zweifeln.
Bringen wir also einmal unsern Willen
in diese heilige Bereitschaft und suchen
wir ihn mit der Gnade immer darin zu
erhalten. Wir werden da gewiß den
Frieden finden, den wir überall anderswo
vergeblich suchen; und zwar einen innigen,
wahren, dauerhaften, manchmal sogar köst-
lichen Frieden selbst unter den größten
Trübsalen und den für die Natur pein-
lichsten Kreuzen.

Was will Gott nach seiner Ehre einzig und allein? Unsere Glückseligkeit. In
den Anordnungen seiner Vorsehung hinsichtlich unser ist es sein Zweck, diese zwei
Punkte mit einander zu vereinigen und sie

immer neben einander bestehen zu lassen.
Er hat dazu die unfehlbaren Mittel ergriffen; wir aber haben ihn nur wirken
zu lassen, und uns in Alles zu fügen, was
er uns selber oder durch die Geschöpfe zuschickt. Wollen wir das, was er will,
so wollen wir also unsere Glückseligkeit;
wollen wir die Mittel, welche er anwendet, so wollen wir das, was uns sicher
zu ihr führen muß. Denken wir wirklich über das nach, was Gott für uns
anordnet, so werden wir sehen, daß alle
Ereignisse, selbst die geringsten zum Zwecke
haben, uns in einer Tugend zu üben,
oder uns von einem Laster zu befreien,
besonders aber unsern Stolz zu bemüthigen und unsere Eigenliebe abzutöbten.
Wir wissen nun aber aus Erfahrung,
daß dieß die zwei Quellen aller Sünden
sind, welche uns den Eingang des Himmels verschließen, und aller Leiden, welche
uns keine wahre Glückseligkeit auf Erden

genießen laſſen. Machen wir uns nun
in allem dem Willen Gottes gleichförmig,
ſo trocknen wir allmählig beide Quellen
aus, und wir ſichern uns ſo ſehr als
möglich die Glückſeligkeit für dieſes und
für das andere Leben.

Bitten wir alſo, aber aufrichtig und
aus unſerer ganzen Seele, daß zur Ehre
Gottes und zu unſerer eigenen und unſerer Brüder Glückſeligkeit der göttliche
Wille durch uns und durch ſie, in uns
und in ihnen geſchehe. Bitten wir, daß
er in uns nie ein Hinderniß finde; und
da wir zu dieſer Bitte fortwährend Gründe
haben, ſo gewöhnen wir uns daran, uns
zu demüthigen, uns unter die gewaltige
Hand Gottes zu beugen, Alles, was uns
von ihm kommt, anzunehmen, in der fe-
ſten Ueberzeugung, daß er nur unſer Wohl
im Auge hat. Haben wir in allen peinlichen Umſtänden, welche ſich darbieten
können, das herrliche Wort Jeſu Chriſti

im Munde und besonders im Herzen:
Dein Wille geschehe, und nicht
der meinige. (Luk. 22, 42.)

Wir dürfen es hier nicht unbemerkt
lassen, daß diese drei ersten Bitten die
vorzüglichsten Akte der Liebe sind, die wir
vollbringen können, und daß folglich ihre
getreue Ausführung eine beständige Aus=
übung der Liebe ist. Und zwar der rein=
sten Liebe, da Gott unmittelbar ihr Ge=
genstand ist, was unsere Glückseligkeit
nicht ausschließt, sondern sie uns sichert.
Wir richten diese Bitten an Gott, weil
er allein uns zu der Liebe befähigen kann,
die sie voraussetzen; weil wir zu ihrer
Verwirklichung ohne die Gnade nicht mit=
wirken können, wie wir sollen; und weil
jedes Gut und vor Allem das Gebet,
durch welches wir die übrigen erlangen,
von ihm kommt.

Gib uns heute unser tägliches Brod.

Erst nachdem wir Gott um das gebeten haben, was ihn selbst betrifft, sollen wir an uns denken und ihn auch
hinsichtlich unserer Bedürfnisse aller Art
bitten. Es liegt in der Ordnung der
Natur, daß die Kinder sich wegen ihrer
täglichen Nahrung an ihre Väter wenden. Gott ist in dieser Hinsicht unvergleichlich mehr unser Vater, als es die
gewöhnlichen Väter sind. Er ist es, der
als erste und allgemeine Ursache für die
Bedürfnisse unsers Leibes sorgt; und unter dem Namen Brod ist hier Alles begriffen, was zum Unterhalte des gegen
wärtigen Lebens nöthig ist. Alle Menschen, junge und alte, reiche und arme,
große und kleine, sind hinsichtlich der leiblichen Bedürfnisse im Falle der Kinder,
ganz außer Stande, für sich selbst zu sor-

gen, wenn ihnen nicht Gott die Mittel
dazu liefert. Wir tragen allerdings durch
unfere Sorgen, durch unfere Arbeit und
durch unfere Erfindsamkeit dazu bei; denn
feit der Sünde find wir dazu verurtheilt,
unfer Brod im Schweiße unfers Ange-
fichts zu effen. Allein unfere Arbeiten
und unfere Erfindsamkeit vermögen an
fich nichts zu erzeugen; fie unterftützen
nur die Vorfehung, welche die wahre Er-
nährerin des Menfchengefchlechtes ift, welche
in diefer Hinficht unfere ganze Dankbarkeit verdient, und welcher wir unfere Abhängigkeit in dem bezeigen, was die Nahrung betrifft, indem wir fie täglich darum
bitten.

Da nach dem Falle des erften Men-
fchen er felber und feine ganze Nachkom-
menfchaft der Arbeit unterworfen worden
find, um beftehen zu können, fo folgt daraus, daß Jedermann, der im Stande ift,
zu arbeiten, und nicht arbeitet, auch nicht das

Recht hat, zu bestehen; daß er keinen Grund
hat, Gott um seine Unterhaltung zu bitten,
und daß er sich nicht beklagen kann, wenn
sie ihm versagt wird. Dagegen darf er auch,
wenn er nichts unterläßt, um sich durch
seine Arbeit und durch die Anwendung
seiner Talente nach der Anordnung Gottes seinen Unterhalt zu verschaffen, oder
wenn Alter, Krankheiten, giltige Gründe
ihm gestatten, nicht zu arbeiten, mit der
festesten Zuversicht hoffen, daß derjenige,
welcher die Vögel unter dem Himmel er-
nährt, auch ihn nicht verlassen wird.

Uebrigens bitten wir Gott um das
Brod, um das Nothwendige, um das,
was den Leib nährt, und nicht um das,
was der Sinnlichkeit schmeichelt, um das,
was ihn gegen die Unbilden der Witter-
ung beschützt, und nicht um das, was die
Weichlichkeit, die Verschwendung und die
Eitelkeit begünstigt. Sind unsere Bedürfnisse befriedigt, so sollen wir zufrie-

4**

ben sein, uns dabei beruhigen und alles
Uebermaß vermeiden, welches ebenso dem
Leibe als der Seele schadet. Benützen
wir die Gaben Gottes nach seiner Absicht,
und bedienen wir uns ihrer nicht, um
ihn zu beleidigen. Beschränken wir uns
auf den einfachen Gebrauch, und suchen
wir nicht Genüsse, die einer unsterblichen
Seele unwürdig sind, und die uns Gott
verbietet. Bleiben wir immer eingedenk,
daß das gegenwärtige Leben selbst nur
ein Mittel ist, um das ewige Leben zu
verdienen; und daß, wenn es selber nicht
unser Zweck sein darf, noch weit weniger
dasjenige es sein darf, was zu seiner Erhaltung bestimmt ist. Wenn Gott einem
Jeden die zeitlichen Güter versagte, der
sie mißbraucht, so würde man sie nie
mißbrauchen. Sollen wir darum weniger nüchtern und bescheiden sein, weil die
Strafe für diesen Mißbrauch bis zum andern Leben verschoben wird? Essen wir

also in seiner Gegenwart mit Danksag-
ung das Brod, welches er uns gibt; essen
wir es in der Absicht, um unsere leiblichen Kräfte, die er erhält, zu seinem
Dienste anzuwenden.

Seien wir nicht besorgt wegen des
folgenden Tages; wir bitten nur um das
Brod für den heutigen Tag; begnügen
wir uns damit, wenn wir es erhalten,
und sehen wir nicht weiter hinaus. Mor-
gen werden wir unsere Bitten für neue
Bedürfnisse erneuern. Wozu dient es,
zu erwerben und aufzuhäufen, wie wenn
man sich nicht auf die Vorsehung ver-
ließe? Hat man je gesehen, daß es demjenigen an Brod mangelte, der, nachdem
er seine Schuldigkeit in jeder Hinsicht gethan, im Uebrigen sich auf sie verließ?
Wozu diese Besorgnisse, diese Aengstlichkei-
ten, diese Vorsichtsmaßregeln, welche für die
Güte unsers Vaters so beleidigend sind?
Warum ahmen wir nicht den Kindern

nach, welche einfach ihren Eltern gehorchen und ihren Willen thun, und übrigens sorglos wegen ihres Unterhaltes leben?

Es werden also der Geiz, den man
Sparsamkeit nennt, das Mißtrauen, die
Unruhe und alle Geistesplagen, welche
durch die leiblichen Güter verursacht werden, durch diese Bitte des Vaterunsers
verworfen, welche, wenn wir sie recht
verständen und ihr gemäß lebten, eine
höchst heilsame Veränderung unserer Gesinnungen und unsers Verhaltens hinsichtlich der Güter der Erde bewirken,
unsere Zuneigung zu ihnen vermindern,
unsere Sorgen hinsichtlich ihrer Erwerbung und Erhaltung mäßigen und uns zu
einer edeln Unabhängigkeit in dem Gebrauche erheben würde, den wir unsern
Bedürfnissen gemäß von ihnen machen
dürfen.

Wir sagen nicht: Gib mir mein
Brod, sondern: Gib uns unser

Brod, indem wir den gemeinsamen Vater für alle seine Kinder ,aus Liebe für
alle bitten. Wenn also einige von unsern Brüdern Mangel haben, und Gott
uns mit einem Ueberflusse begünstigt, so
ist dieß ein Beweis, daß er will, wir
sollen sie unterstützen, indem wir ihnen
von unserm Ueberflusse mittheilen. Denn
es ist klar, daß es seine Absicht ist, Allen die Nahrung zu gewähren, weil er uns
für Alle darum bitten läßt. Diese Absicht würde nun aber vereitelt, wenn die
Reichen nicht die gewöhnlichen Diener seiner Vorsehung hinsichtlich der Armen wären, und wenn sie nicht seinen Anordnungen gemäß handeln müßten, welche
von der Art sind, daß den Reichen wie
den Armen Gelegenheiten dargeboten werden, viele Tugenden auszuüben, um so
mehr, als er sich nicht anheischig gemacht
hat, für die Bedürfnisse dieser durch Wunder zu sorgen. Wir handeln also geradezu

gegen die Absichten Gottes und gegen
die Bitte, welche er uns in den Mund
legt, wenn wir nicht mit unserm Ueberflusse dem Mangel unserer Brüder ab-
helfen; und wir verdienen selber des
Nothwendigen beraubt zu werden, das
wir ihnen aus Hartherzigkeit versagen.
Wenn uns Gott desselben nicht beraubt,
so geschieht es nur, weil er uns größere
Strafen vorbehält. Uebrigens verdanken
wir das Brod, welches uns Gott gibt,
eben so sehr den Bitten des Armen als
unsern eigenen, weil er für uns eben so
bittet, wie wir für ihn; wir sind ihm also
einen Theil von dem schuldig, was wir
zu viel haben; er hat das Recht dazu
erworben.

Aus den Worten des heiligen Mat-
thäus geht aber hervor, daß u n s e r t ä g-
l i c h e s B r o d, wie die heiligen Väter erklären, auch noch das Brod des Altarssakra-
mentes bedeutet, welches die übernatür-

liche Nahrung unserer Seelen ist, welches
eben so sehr unser tägliches Brod sein
soll wie das gewöhnliche Brod, und welches uns unser Vater gerne täglich gäbe,
wenn wir uns befähigten, es täglich genießen zu dürfen. Wir können weder an
seiner noch an der Absicht Jesu Christi
in dieser Hinsicht zweifeln, der uns sein
anbetungswürdiges Fleisch unter den Ge-
stalten des Brodes darreicht, um uns zu
verstehen zu geben, daß, gleichwie das gewöhnliche Brod unsere tägliche Nahrung
ist, so auch sein Leib zur täglichen Nahrung unserer Seelen bestimmt ist. Es
ist dieß auch der Wunsch der Kirche, unserer Mutter, welche in ihrem letzten
Concil bezeugt, daß sie wünsche, es möchten die Gläubigen so oft communiziren, als
sie dem heiligen Opfer beiwohnen, wie
dieß auch in den ersten Jahrhunderten
geschah; und es ist gewiß, daß wir, wie
der heilige Ambrosius bemerkt, Alle so

leben sollen, um täglich an dieser himmlischen Speise theilnehmen zu dürfen.
Mindestens ist zu wünschen, daß wir
uns nicht mit der jährlichen Communion
begnügen, welche uns die Kirche zur strengen Pflicht macht, und daß wir nie einen
langen Zeitraum vorübergehen lassen sol-
ler, ohne uns dem heiligen Tische zu nahen, da die anf gebührende Weise oft
wiederholte Communion das wirksamste
Mittel ist, um zur christlichen Vollkommenheit zu gelangen.

Die heiligen Väter verstehen unter
unserm täglichen Brode auch das
Wort Gottes, das uns auf den christlichen Kanzeln oder in den Andachtsbüchern dargeboten wird. Lassen wir es uns
also angelegen sein, das göttliche Wort so
oft, als wir können, mit der aufrichtigen
Absicht, es zu unserm Heile zu benützen,
anzuhören; und eignen wir uns die heilige Gewohnheit an, täglich in einem geist-

lichen Buche zu lesen. Es wird dieß sehr
zur Förderung unseres Seelenheiles beitragen; und wir handeln sehr sträflich,
wenn wir keinen Gebrauch von den übernatürlichen Nahrungsmitteln machen, welche
uns Gott so reichlich darbietet, und um
welche ihn zu bitten, er uns sogar zur
Pflicht macht.

Vergib uns unsere Schulden, wie auch wir vergeben unsern Schuldigern.

Dieß ist die fünfte Bitte. — Wer
von uns schuldet nun der göttlichen Gerechtigkeit nicht wegen seiner Sünden?
Wir sind nicht bloß Schuldner Gottes,
sondern auch zahlungsunfähige Schuldner.
Wenn nicht er uns unsere Schulden er-
ließe, so wäre es uns unmöglich, sie zu
entrichten. Er erläßt sie uns nun aber

aus Güte, wenn wir ihn darum bitten; in eben dem Gebete aber, das er uns gelehrt hat, auferlegt er uns eine so billige Bedingung, daß wir sie nicht versagen können.

Gleichwie wir Gott beleidigen, beleidigt uns auch nicht selten der Nächste, und wird unser Schuldner, wie wir die Schuldner Gottes sind. Wenn wir dem Nächsten das uns zugefügte Unrecht vergeben, wenn wir ihm auf seine Bitte seine Schuld erlassen, wenn wir im Herzen keinen Groll, keine Mißstimmung gegen ihn bewahren, so macht sich auch Gott anheischig, uns unsere Beleidigungen zu vergeben, uns die Schulden zu erlassen, die wir gegen ihn auf uns geladen haben, und sie so zu vergessen, daß er gar nie mehr daran denkt. Aber auch nur unter dieser Bedingung macht er sich dazu anheischig; und er verlangt ihre Erfüllung von uns so strenge, daß

er es uns zum Gesetze macht, ihn um
die Erlassung unserer Schulden nur auf
die Weise zu bitten, wie wir dem Nächsten seine Schulden erlassen. Vergib
uns, wie auch wir vergeben. Dieß
will offenbar sagen: Vergib uns nicht,
wenn wir nicht vergeben; verharre du
mit aller Strenge auf deinen Rechten,
wenn auch wir auf den unsrigen ver=
harren. Sind wir aber nachsichtig und
zum Vergeben geneigt, geben wir, wenn
uns der Nächste seine Reue bezeigt und
uns bittet, wir möchten das Unrecht oder
den Schmerz vergessen, welchen er uns
verursacht hat, jeden Gedanken von Rache,
allen Groll auf, und versöhnen wir uns
aufrichtig mit ihm, dann verfahre auch
du so gegen uns; zeige dich als einen gegen deine schuldbeladenen Kinder nachsich-
tigen Vater, und schenke uns dein Wohlgefallen wieder.

Ist die Bedingung nicht billig? Ja

5*

ist sie nicht unendlich vortheilhaft für
uns? Unsere Brüder sind und bleiben
immer unsers Gleichen von Natur, ein
so großer Abstand sich übrigens zwischen
ihnen und uns befinden mag. Was sind
aber wir im Vergleiche mit Gott? Ein
bloßes Nichts neben dem unendlichen Wesen. So groß auch die Beleidigung sei,
die sie sich gegen uns haben zu Schulden
kommen lassen, was ist sie im Vergleiche
mit unsern Beleidigungen gegen die göttliche Majestät? Jesus Christus schätzt die
Schuld unsers Bruders auf hundert De-
nare, und die unsrige auf zehntausend
Talente. Und er macht diese Schätzung
nicht etwa, um uns zu erschüttern, da ja
überhaupt gar kein Verhältniß zwischen
den beiden Schuldnern stattfindet. Hat die
Rache, welche wir an dem Nächsten nehmen wollen, wenn sie auch gerecht wäre,
auch nur die entfernteste Aehnlichkeit mit
der Rache, welche Gott gegen uns aus-

zuüben, so vollkommen berechtigt wäre? Ist der Nächste in jeder Hinsicht so unfähig, uns genug zu thun, wir wir unfähig sind, der göttlichen Gerechtigkeit genug zu thun? Welche Wohlthat ist es endlich für uns, wenn uns Gott vergibt, und welches Uebel, wenn er uns nicht vergibt? Bedenken wir alle diese Gründe wohl; und wir werden daraus schließen müssen, daß Gott zu unserer Versöhnung mit ihm keine billigere Bedingung stellen konnte. Und rechnen wir etwa auch den Trost für nichts, im Tode sprechen zu können: Ich habe vergeben, Herr; ich hoffe, auf dein ausdrückliches Wort hin, daß auch du mir vergeben wirst?

Allein die Gesetze der Welt, mein eigener Vortheil verbietet es mir, zu vergeben. Dein eigener Vortheil! Hast du denn einen größern als die Erlangung der Barmherzigkeit Gottes? Müßtest du auch deßhalb dein Vermögen, deine Ehre, dein Leben aufopfern, könntest du Anstand nehmen? Der Ausspruch ist gethan: Ein unbarmherziges Gericht erwartet denjenigen, der nicht Barmherzigkeit erweist. (Jak. 2, 13.) Willst du in der Gewißheit eines solchen Gerichtes leben und sterben? Die Gesetze der Welt! Was sind denn die Gesetze der Welt für einen Christen, der keine andern kennen soll als die Gesetze des Evangeliums? Die zwei Gesetze Jesu Christi, welche unmittelbar auf das Gebet folgen, das er uns gelehrt hat, lauten nun aber so: Wenn ihr den Menschen ihre Sünden vergebet, so wird euch euer himmlischer Vater auch euere Sünden vergeben. Ein unendlich günstiges Gesetz für uns! Wenn ihr aber den Menschen nicht vergebet, so wird euch euer himmlischer Vater euere Sünden auch nicht vergeben. (Matth. 6,

14. 15.) Ein unendlich furchtbares Ge-
ſetz für uns!

Führe alſo weder die Welt, noch deinen eigenen Vortheil an — das einzige
Hinderniß für dich iſt dein Stolz. Eben
dieſes Laſter iſt aber die Quelle aller
deiner Verbrechen gegen Gott; dieſes nun
will Gott verbannen, indem er dir befiehlt, deinen Brüdern zu vergeben. Eben
dieſes Laſter verſchließt der Reue dein
Herz; und um dein Herz zu erweichen,
um es für die Gnade der Reue zu öff-
nen, ſchreibt dir Gott die Milde und
Nachſicht gegen den Nächſten vor.

Man darf es nicht verhehlen, die aufrichtige Vergebung der Beleidigungen und
die herzliche Liebe der Feinde iſt einer der
ſchwerſten Punkte der chriſtlichen Moral.
Dieſe Schwierigkeit liegt aber nicht in
der Sache ſelber, ſie rührt davon her,
daß wir ſo wenig darauf bedacht ſind,
uns mit Gott, unſerm Vater, zu verglei-

chen und ihm ähnlich zu werden. Gott, obwohl er unendlich groß ist, vergibt gern, so sehr er auch beleidigt worden ist, sieht gern von seinen Rechten ab, ja kommt uns zuvor und thut die ersten Schritte. Ach! dächten wir von selber daran, zu ihm zurückzukehren, und wären wir dazu fähig, wenn uns nicht seine Gnade dazu ermunterte? Und uns, die wir nichts sind, uns, denen man im Grunde nichts schuldig ist, uns, die wir uns eigentlich über gar keine Beleidigung beklagen können, fällt es oft so gar schwer, dem Nächsten zu vergeben, wenn er von selber zu uns kommt, wenn er sein Unrecht bekennt, und wenn er sich deßhalb vor uns bemüthigt. Noch weit schwerer fällt es uns, ihm zuvorzukommen, ihn zur Wiederversöhnung einzuladen. Davon wollen wir gar nichts hören. Haben wir ihm aber ja einmal vergeben, so ist dieß ein Grund für uns, ihm zum zweiten Male nicht mehr zu vergeben: ein gewisses Zeichen, daß wir die uns zugefügten Beleidigungen nicht ganz vergessen haben, und daß noch immer ein Sauerteig von Haß in unserm Herzen zurückgeblieben ist.

Verfährt Gott auch so gegen uns? und finden wir nicht in ihm stets wieder dieselbe Milde, so oft und so lange wir sie auch mißbraucht haben? Ach! lasset uns doch **vollkommen sein, wie unser Vater im Himmel vollkommen ist.** (Matth. 5, 48.) Diese Ermahnung gibt uns Jesus Christus hinsichtlich der Liebe gegen die Feinde. Vergeben wir ihnen ohne Ziel und ohne Maß. Setzen wir keine Grenze fest, über welche hinaus von uns keine Gnade mehr zu hoffen ist. Seien wir gegen unsere Brüder ebenso gesinnt, wie es Gott gegen uns ist. Denken wir auch daran, was wir vielleicht aus eigener Erfahrung wissen, daß keine Qual derjenigen gleicht,

welche die stolze und rachsüchtige Seele
fühlt; daß es keine Freude gibt, die so
rein ist, wie jene, welche man genießt,
wenn man vergibt; daß kein Frieden mit
dem Frieden eines sanftmüthigen und
demüthigen Herzens verglichen werden
kann, das durch keine Beleidigung gereizt
wird; daß es endlich kein wirksameres
Mittel für die Sünder wie für die Gerechten gibt, um einen leichten Zutritt
bei Gott zu haben, um mit Zuversicht zu
Gott beten zu können, und um die Gnade
von ihm zu erlangen, die wir am Wenigsten entbehren können.

Und führe uns nicht in Versuchung.

Alles ist eine Schlinge für uns im
Leben; Alles ist ein Grund oder eine
Gelegenheit zur Versuchung. Kein Alter

ist davon frei; keine Zeit, kein Ort, keine
Lebensweise, keine Beschäftigung sichert
uns davor. Es gibt Versuchungen hinsichtlich der äußeren Gegenstände, welche
den Sinnen schmeicheln, die Einbildungskraft einnehmen, die Seele an sich locken
und verführen. Versuchungen hinsichtlich
der Welt, in der wir leben müssen, und
deren Grundsätze, deren Reden, Beispiele,
ja deren Gewalt und Tyrannei uns zum
Laster hinziehen und uns der Tugend
entreißen. Versuchungen hinsichtlich des
Teufels, der nicht schläft; der beständig
um uns herumgeht wie ein brüllender
Löwe, um uns zu verschlingen; der keine
Rücksicht auf die Einsamkeit, auf die Orte
des Gebetes, auf die heiligsten Uebungen
nimmt; der die Leidenschaften heftig erregt, über den Geist eine dichte Wolke
breitet, Verwirrungen in die Seele bringt,
den Willen heftig erschüttert und ihn zu
solchen Ergötzungen anreizt, daß es uns

faſt unmöglich iſt, zu unterſcheiden´, ob
wir eingewilligt haben oder nicht. Noch
gefährlichere Verſuchungen hinſichtlich unſeres Stolzes, unſerer Eigenliebe, unſerer
Begierlichkeit, unſeres Vorwitzes: lauter
Laſter, die wir mit in die Welt bringen,
und die das zunehmende Alter nur entwickelt und ſtärkt. Statt alſo in uns
ein Rettungsmittel gegen unſere äußeren
Feinde finden zu können, ſind wir ſelbſt
unſere furchtbarſten Feinde; und wir hätten von Andern nichts zu fürchten, wenn
wir nicht ſelbſt im geheimen Einverſtänd-
niſſe mit ihnen wären.

Wie ſchwach ſind wir ſelbſt bei dem
beſten Willen, nach den feſteſten Vor-
ſätzen in der Prüfung! Wir ſtaunen alsdann nur ſo; wir konnten uns unmöglich
für ſo gebrechlich halten. Wenn uns die
Hand Gottes nicht hält, ſo fallen wir ſo
oft als wir Schritte machen.

Dennoch ſind ungeachtet aller ihrer

Gefahren bie Versuchungen für uns nützlich, ja sogar nothwendig. Was weiß
derjenige, welcher nicht versucht
worden ist (Eccl. 34, 9.)? sagt die
Schrift. Er kennt ben Grund seines
Elends und seines Verderbens nicht; er
vertraut thörichter Weise auf seine Kräfte;
er hat keine wahre, gründliche Demuth.
Er kennt weder Gott, noch die Wirkung
seiner Gnade in der Führung der Seelen,
noch das vollkommene Vertrauen, das
man zu ihm haben soll, noch die Treue,
womit er benjenigen in ihren Nöthen
beisteht, welche ihn anrufen, noch die un-
überwindliche Macht seines Schutzes. Je
unbedingter man ihm ergeben ist, besto
wohlgefälliger ist man in seinen Augen,
und besto mehr muß man erwarten, durch
die Versuchung geprüft zu werden. Ohne
Versuchung sein wollen, heißt der schön=
sten Uebung der Tugend entsagen.

Was ist also zu thun, welcher Weg ist

einzuschlagen zwischen der Nothwendigkeit,
zu unserer Förderung versucht, und der
Gefahr, überwunden zu werden? Es ist
sonst gar nichts zu thun, als uns in die
Arme unsers Vaters zu werfen, und ihn
zu bitten, er möge uns nicht unterliegen
lassen. Rufen wir ihn unaufhörlich an;
wir dürfen nicht fürchten, nicht erhört
oder nicht zur rechten Zeit unterstützt zu
werden; trennen wir uns nie von ihm;
und der Böse wird sich uns nicht nahen.
Seine heilige Gegenwart wird, wenn wir
sie sorgfältig in unserm Herzen bewahren, alle Pfeile des Feindes vereiteln und
ihn ungeachtet aller seiner Bemühungen
verhindern, bis zu diesem Mittelpunkte
vorzubringen, wo Gott seine Wohnung hat.

Um aber versichert zu sein, daß uns
Gott der Versuchung nicht unterliegen
lassen wird, dürfen wir uns erstens ihr
nie vermessentlich aussetzen, nie die Gelegenheiten dazu aufsuchen, welchen wir

vielmehr vorbeugen und sie so viel als
möglich fliehen müssen. Denn der heilige Geist hat erklärt, daß derjenige
in der Gefahr umkommt, welcher
sie liebt. (Eccli. 3, 27.) Und um
verpflichtet zu sein, sie zu vermeiden, müf-
fen sie keineswegs offenbar gefährlich sein;
sie dürfen nur verdächtig sein, und wir
Grund haben, uns nicht zu trauen.
Zweitens, bei Gelegenheiten, die unver-
meidlich sind, oder von denen wir bloß
überrascht werden, dürfen wir ohne Sorge
sein; nehmen wir nur ungesäumt unsere
Zuflucht zu Gott, damit er uns in den
schwierigen Umständen aufrecht erhalte, in
die uns seine Vorsehung gebracht, oder
uns von dem bösen Wege zurückziehe, auf
den uns unsere Unklugheit geführt hat;
und zweifeln wir nicht, er kommt uns gewiß zu Hilfe.

Wir müssen drittens immerwährend
einen Abscheu vor der Sünde haben, sie

sei groß oder klein; so daß dieß bei der
geringsten Gefahr, die sich uns darbietet,
unser erster Eindruck ist. Ferner muß
uns das Gebet zur Gewohnheit werden,
damit die Zuflucht zu Gott in solchen be-
denklichen Gelegenheiten die erste Regung
in unserer Seele ist, ehe wir noch an
irgend etwas Anderes denken. Ueber-
haupt werden uns das Mißtrauen gegen
uns selbst und das Vertrauen auf Gott,
die Wachsamkeit, die Sammlung, der
Geist des Gebetes, die Treue gegen die
Gnade selbst in den kleinsten Dingen
vor gar vielen Versuchungen bewahren,
oder uns in denjenigen aufrecht erhalten,
welche Gott zu unserm geistlichen Wohle
zuläßt.

Fügen wir hinzu, daß man, wenn die
Versuchung nicht vorübergehend ist, und
zu wiederholten Malen zurückkehrt, dieß
seinem geistlichen Vater anzeigen, sich bei
ihm Raths erholen, genau befolgen, was

er dann vorschreibt und durch seine Entscheidung alle Furcht, alle Zweifel und
selbst die vermeintlichen Einwilligungen
als entfernt betrachten muß. Ohne diese
Folgsamkeit und Unterwerfung werden wir
nie den Frieden des Herzens haben; der
Teufel wird unser Stillschweigen oder unsern Mangel an Gehorsam mißbrauchen,
und uns in's Verderben oder in die
Verzweiflung stürzen.

Sondern erlöse uns von dem Uebel. Amen.

Man muß hier unter Uebel das
verstehen, was Jesus Christus darunter
verstand, und was er will, daß seine
Jünger darunter verstehen sollen. In
den Vorstellungen Gottes, welche auch die
Richtschnur unserer Vorstellungen sein sol-

len, gibt es nur zwei wahre Uebel, die
Sünde und die Hölle als ewige Strafe
der Sünde. Das sind die Uebel, welche
der Christ fürchten, und von denen befreit zu werden er Gott für sich und für
Andere bitten muß. So lange wir leben,
haben wir immer zu fürchten, in die
Sünde und durch sie in die Hölle zu stürzen. Unsere vollkommene Befreiung wird
nur im Tode stattfinden, wenn uns der
Tod im Stande der Gnade findet. Es
hängt von uns ab, mit dem göttlichen
Beistande, der immer für uns bereit ist,
die heiligende Gnade zu bewahren oder
sie wieder zu erlangen. Aber es hängt
nur von Gott ab, uns durch den Tod,
den er nach seinem Wohlgefallen schickt,
für immer in diesem glückseligen Zustande
zu erhalten. Diese Erhaltung in diesem
glückseligen Zustande nennt man die endliche Beharrlichkeit, die kostbarste von allen Gaben Gottes, weil sie unsere ewige

Glückseligkeit sichert. Sie ist eine reine Gabe, die wir nur durch demüthige Bitten verdienen können, wie der heilige Augustin sagt, und um die wir immer einfach und ohne Bedingung bitten müssen, ohne daß wir unter was nur irgend für einem Vorwande der Uneigennützigkeit in dieser Hinsicht gleichgiltig sein dürfen. Kein Gläubiger kann und soll zu Gott sagen: Befreie uns von der Sünde und vom ewigen Tode, wenn dieß dein Wohlgefallen ist; sondern: Befreie uns von beiden, weil es dein Wohlgefallen ist.

Da jedoch das, was die Hölle verdient, das, was die Peinen der Hölle nur deßhalb, weil sie ewig sind, hinreichend bestrafen, das, was die unendliche Majestät und Herrlichkeit Gottes geradezu angreift, an sich ein größeres und mehr zu fürchtendes Uebel ist, als die Hölle, so folgt daraus, daß die Sünde das Uebel ist, welches jeder Christ mehr als jedes

andere fürchten, welches er über Alles
verabscheuen und mehr als jedes andere
Uebel, was es auch für eines sei, ja
selbst als das ewige Feuer, wenn dieß
nicht die Sünde voraussetzte, und wenn
es davon getrennt werden könnte, vermeiden muß. Der Grund davon ist,
weil die Sünde die Beleidigung Gottes
ist, und weil es nichts gibt, welches das
Geschöpf nicht lieber wählen, nichts, welchem es sich nicht lieber aussetzen sollte,
als Gott zu beleidigen. Wer das nicht
einsieht, der hat keinen Begriff von der
Sünde und ihrer Bosheit.

Wir bitten Gott, er möge uns durch
den Tod davon befreien, und uns während dieses Lebens davor bewahren, weil
unsere Verderbtheit und unsere Schwachheit so groß sind, daß es uns unmöglich
ist, uns ohne seinen besondern Schutz davor zu bewahren; weil die Umstände und
die Gelegenheiten, welche uns dieser Ge-

fahr aussetzen, sehr oft von der Vorsehung allein abhängen, und es nur ihm
zukommt, sie zu entfernen oder abzuwenden; weil es in seiner Macht steht, unser
Inneres, das uns zur Sünde reizt, um-
zuwandeln, und er auch immer bereit ist,
unsere Bitten hierin zu erhören und unsere Bemühungen zu unterstützen.

Diese Bitte geschieht aber von uns
nicht aufrichtig, wenn wir nicht durch die
Betrachtung und durch das Lesen in die
großen Wahrheiten eindringen, welche uns
den lebhaftesten Abscheu vor der Sünde
einzuflößen vermögen; wenn wir, da wir
doch unsere Gebrechlichkeit aus wiederholten Erfahrungen kennen, nicht auf's Sorg-
fältigste alle Gelegenheiten zur Sünde
meiden, sondern sie vielmehr oft selbst
aufsuchen und uns wohlgemuth hineinstür-
zen; wenn wir uns vermessentlich auf
uns selbst, oder auf den Beistand Gottes
verlassen, den wir in den Fällen, wo wir

uns freiwillig der Gefahr aussetzen, mit
gar keinem Rechte zu erwarten haben;
wenn wir in einer Zerstreutheit und Ver-
geſſenheit Gottes leben, welche unſere
Sinne und unſere Einbildungskraft den
äußeren Gegenſtänden überlaſſen; wenn
wir ferner die Mittel nicht anwenden,
welche uns Gott in die Hand gibt, um
uns vor der Sünde zu bewahren, z. B.
die Wachſamkeit, das Gebet, das Fa-
ſten, den häufigen Gebrauch der Sakramente. Fügen wir endlich hinzu, daß
wir, um uns ſicherer vor den ſchweren
Sünden zu bewahren, entſchloſſen ſein
müſſen, wiſſentlich auch nicht den gering-
ſten Fehler zu begehen, und der Gnade
mit der äußerſten Treue zu entſprechen.
Wir müſſen uns deßhalb nothwendig einmal überzeugen, daß nach der Todſünde
das größte aller Uebel die läßliche Sünde
an ſich und noch mehr in ihren Folgen
iſt, wenn man ſie wiſſentlich begeht; daß

nie eine freiwillige Widersetzlichkeit gegen
die Gnade ohne Schuld ist, daß sie den
heiligen Geist betrübt und die Seele
stufenweise zum Verderben führt.

Um daher Gott mit einem vollen
Vertrauen, er möge uns von dem Uebel
befreien, bitten und im Nothfalle auf
seinen Beistand rechnen zu können, müssen wir uns zuerst selbst mit dem Beistande der wirkenden Gnade davon zu befreien bestreben. Der gute Gebrauch
dieser Gnade wird uns andere verschaffen. Wenden wir Alles an, was uns
nur irgend die christliche Klugheit anräth.
Wachen wir über alle Regungen unseres
Herzens; ersticken wir unsere Leidenschaften gleich in ihrem Entstehen; geben wir
ihnen keine Nahrung; und lassen wir sie
nicht so stark werden, daß wir nicht mehr
im Stande sind, sie zu beherrschen. Lassen wir es nur nie an uns fehlen, und
Gott wird uns nie seinen Beistand ent-

ziehen. Aber zu hoffen, daß er uns von
dem Uebel befreien werde, während wir
selbst für unsere Befreiung nichts thun,
das ist eine arge Verblendung. Gott
verlangt von uns Bemühungen; er macht
uns dazu fähig; er hat seine Mitwirkung
verheißen; und wenn wir muthvoll und
getreu sind, so wird er unsere Treue
durch die endliche Beharrlichkeit krönen.

Was die zeitlichen Uebel betrifft, seien
sie nun öffentliche, wie der Krieg, die
Hungersnoth, die Pest und andere ähnliche Drangsale, oder besondere, welche
unser Vermögen, unsere Gesundheit, unsere Ruhe, selbst unser Leben gefährden,
so sind es nicht eigentlich Uebel für den
Christen, sondern vielmehr Prüfungen,
welche für ihn ein Gut oder ein Uebel
werden, je nachdem er sie betrachtet
und Gebrauch davon macht. Die Krankheiten, die Gebrechen, der Tod sind eine
gerechte Strafe für den Ungehorsam un-

ferer erſten Eltern. Unterwerfen wir uns
ihnen alſo im Hinblick auf die göttliche Ge=
rechtigkeit, mögen ſie nun uns ſelbſt oder
die Perſonen betreffen, welche uns theuer
ſind; nehmen wir ſie ohne Murren und
ohne Klage hin, und benützen wir ſie ſo zu
unſerem Heile, wie Gott will, daß wir
ſie benützen ſollen.

Es gibt andere Uebel, welche uns
durch die Ungerechtigkeit der Menſchen
verurſacht werden. Gott will ſie nicht, aber er
läßt ſie zu; er wird ſie zu ſeiner Verherrlich=
ung dienlich zu machen wiſſen; und ſeine
Abſicht iſt, daß ſie zu unſerer Heiligung
dienen ſollen. Betrachten wir ſie alſo
vom Geſichtspunkte ſeiner Vorſehung aus.
Ertragen wir ſie, weil dieß ſein Wohlge=
fallen iſt; vergeben wir herzlich gern den=
jenigen, welche ihre Urheber ſind; und beten
wir, wie uns unſer Herr befiehlt, f ü r
d i e j e n i g e n, w e l c h e u n s v e r f o l g e n
u n d v e r l e u m b e n. (Matth. 5, 44.)

Verlieren wir nie aus dem Auge, daß
das größte der Güter, die Erlösung des
Menschengeschlechts, durch ähnliche Uebel
bewirkt worden ist, welche Jesus Chri=
stus für uns ertragen hat, und daß das
ungeheuerste aller Verbrechen das köst=
lichste aller Opfer veranlaßt hat. Ver=
einigen wir unser Kreuz mit dem seini=
gen, so sichern wir uns die ewige Glück=
seligkeit.

Endlich gibt es Uebel, welche wir nur
uns selbst, nur unsern Leidenschaften und
unsern Ausschweifungen aller Art zuschrei=
ben können; welche unserer Gesundheit
schaden, unsern Wohlstand zerrütten, uns
die größten Unannehmlichkeiten verursachen
und uns um unsern guten Namen brin=
gen. Diese Uebel sind Mittel, welche
uns Gott in seiner Erbarmung zuschickt,
damit wir unsern Unordnungen entsagen,
sie wieder gut machen, und so auf den
Weg zum Himmel geführt werden sollen.

Sie werden diese heilsame Wirkung haben, wenn wir, nachdem wir unser übles Leben, welches sie verursacht hat, verabscheut und uns gebessert haben, sie mit bußfertigem Geiste annehmen und Gott dafür preisen, daß er uns betrübt und gedemüthigt hat.

Die Kirche bittet Gott, er möge die öffentlichen Geißeln abwenden, oder ihnen ein Ziel setzen, damit das christliche Volk, weniger mit seinen Nöthen beschäftigt, ihm mit mehr Liebe, Ruhe und Freude des Geistes dienen könne. Es ist die Pflicht der Gläubigen, sich mit der Kirche und ihren Absichten zu vereinigen; diese Geißeln aber, so lange sie dauern, mit Geduld zu ertragen. Gott gestattet uns auch, ihn um die Befreiung von unsern zeitlichen Uebeln und von den Uebeln der Personen, welche uns am Herzen liegen, zu bitten. Aber diese Bitte muß mit Demuth, mit Ruhe, mit Unterwerfung

geschehen, und sein Wohlgefallen, so wie
unser und des Nächsten Heil den Vor-
rang haben. Die Gläubigen fühlen sich
schon von selber zu solchen Bitten ge-
drungen, man braucht sie nicht dazu zu
ermahnen. Selten aber geschieht es in reinen
und christlichen Absichten; die Natur hat
an diesen Bitten oft mehr Antheil als
die Gnade; gar viele bitten bei Weitem
nicht mit eben der Inbrunst und dem
Eifer um die Befreiung von ihren geist=
lichen Uebeln und um ihre Förderung in
der Tugend.

Das gegenwärtige Leben selbst ist in
einer gewissen Hinsicht ein Uebel, wegen der
Versuchungen, die es umgeben, und der
beständigen Gefahr, worin wir uns befinden, Gott zu beleidigen und uns in's
Verderben zu stürzen. Es ist ein Uebel,
insofern es eine Verbannung ist, und uns
von dem himmlischen Vaterlande und dem
Anschauen Gottes entfernt hält. Unter

diesem Gesichtspunkte ist's löblich, ihn zu
bitten, er möge es abkürzen und beschlie-
ßen, doch so, daß man gern so lange auf
Erden bleiben will, als es sein Wohlgefallen ist. Dieses Verlangen nach dem
Tode ist bei den guten Christen eine Folge
des Verlangens, ihr Heil in Sicherheit
zu bringen, und bei den heiligen Seelen
eine Wirkung der göttlichen Liebe, welche
sie antreibt, nach dem Augenblicke zu
seufzen, wo sie für immer mit dem geliebten Gegenstande vereinigt werden.
Mögen auch wir einmal von diesem Verlangen durchdrungen sein!

—————

Ermahnung.

Diese kurze Erklärung des Vaterunsers reicht hin, um uns zu überzeugen,
daß es die Hauptpunkte der christlichen

6**

Moral und unserer Pflichten gegen Gott,
gegen den Nächsten und gegen uns selbst
enthält oder voraussetzt. Jedermann wird
nach seinem Stande und nach seinen Bedürfnissen eine unerschöpfliche Quelle von
Erleuchtungen und göttlichen Gesinnungen
darin finden. Allein es muß die Be-
thätigung dazu kommen. Was hilft alles Lesen, Nachdenken und Betrachten,
wenn man sich nicht zur Ausübung ent-
schließen will! Ja, man wird Gott eine
strenge Rechenschaft für die Erleuchtungen geben müssen, welche uns Kenntnisse
verschafft haben, ohne uns zu bessern.

Es ist wohl nicht möglich, jedes Mal,
wenn man dieses Gebet spricht, immer
deutlich vor den Augen des Geistes Alles
das, was es enthält, zu haben. Gott
verlangt das auch gar nicht. Das aber
will er, daß jeder Gläubige nach seiner
Fassungskraft den Inhalt dieses göttlichen
Gebetes hinreichend kenne, daß sein Herz

von den Gefühlen durchdrungen sei, die
es einflößt, und daß er es zur Richtschnur
seines Lebens mache.

Man thut daher sehr gut, wenn man
täglich jeden einzelnen von den Punk=
ten, woraus dieses Gebet, besteht, be=
trachtet, sie auf seinen Stand und seine
gegenwärtige Lage anwendet, und in die=
ser Uebung so lange fortfährt, als die
Seele Nahrung darin findet. Wer nicht
leicht Betrachtungen anstellen kann, der
möge sich in der Gegenwart Gottes er=
halten und ihn bitten, daß er selbst sein
Lehrer sei und ihm das Verständniß einer
jeden Bitte mit der zur Ausübung nöthigen
Gnade verleihe. Hört man Gott nur
schweigend, mit Demuth, Einfalt und
Willigkeit zu, so wird dieses Gebet eben
so lehrreich und nützlich sein als Bücher
und Betrachtungen, die man aber deßhalb
keineswegs außer Acht lassen darf, wenn
man die Fähigkeit dazu hat.

Man muß ferner ernstlich prüfen, ob
man bisher nach dem Geiste dieses Gebe=
tes gelebt hat, und entschlossen ist, auch
ferner, oder von nun an so zu leben.
Z. B., ob man Gott als seinen Vater
betrachtet und gegen ihn so gesinnt ist,
wie er von seinen Kindern erwarten muß;
ob man die übrigen Christen als Brü=
der in Jesu Christo liebt und ihnen alles
zeitliche und geistliche Gut. wünscht und
zu verschaffen sucht, das man sich selbst
wünscht und ihnen zu verschaffen im
Stande ist; worin man den Namen Gottes
heiligt; worin man ihn verunehrt; was
man noch mehr sowohl für sich als für
Andere thun könnte. Eine solche Prüf=
ung, unter den Augen Gottes mit Sorg=
falt angestellt, wäre äußerst nützlich für
uns und würde eine gänzliche Umbildung
unserer Grundsätze, unserer Gesinnungen
und unseres Verhaltens bewirken. Wir
dürften nur mehr über einen jeden Punkt

gute Vorsätze bilden, sie befolgen und uns
eine getreue Rechenschaft darüber geben;
es hängt dieß nur von einem guten Willen ab.

Wenn man nun so sein Leben nach
dem Vaterunser einrichtete, hätte man
immer einen einfachen Gegenstand vor den
Augen, welcher die Aufmerksamkeit des
Geistes nicht ermüden würde, die Kräfte
des Willens könnten vereinigt nach die=
sem einzigen Ziele streben; und man
wäre sogar im Stande, zu beurtheilen,
ob man Fortschritte oder Rückschritte mache.
Dieses Gebet wäre der Inhalt unserer
täglichen Prüfung und der Prüfung für
die Beichte; es böte die zur Erweckung
der Zerknirschung geeignetsten Beweggründe
dar; es wäre eine gute Uebung, um die
Messe andächtig anzuhören und um heilig zu communiziren. Man würde daraus Gegenstände zur Betrachtung oder
auch zum Gebete und viele gute Gedan-

ken und heilige Seufzer während des Ta=
ges schöpfen. Alles ladet uns zu dieser
so einfachen Methode ein, die sich auf
das Ansehen Jesu Christi selber stützt;
und man würde durch ihre gewissenhafte
Anwendung sicher zu einer sehr hohen
Vollkommenheit gelangen. Wie viele gute
Seelen, besonders auf dem Lande, sind
heilig geworden, obwohl sie nur das Va=
terunser kannten und keinen andern Lehrer
hatten als den heiligen Geist!

Wenn man auch keinen andern Vor=
theil daraus schöpfte als den, daß man
dieß göttliche Gebet alsdann mit einem
gesammelten Geiste und mit einem Her=
zen voll heiliger Gesinnungen betete, so
wäre dieß schon ein sehr großer, den die
Segnungen des himmlischen Vaters be=
gleiten würden. Außerdem aber sagt der
heilige Augustin ausdrücklich und wieder=
holt, daß das Vaterunser, recht gebetet,
die täglichen Fehler gänzlich tilgt.

Ift das nicht ein Grund, es recht beten zu lernen?

Zum Schluffe empfehle ich noch einmal diefe vortreffliche Uebung: Ueberlaffe dich Jefu Chrifto mit deinem ganzen Herzen, damit er felbft dich in den Wahrheiten unterrichte, die er in feinem Gebete hinterlegt hat, damit er dich mit Luft und Liebe dazu erfülle und dir die nöthigen Gnaden verleihe, um fie fo vollkommen ausüben zu können, als es fein Verlangen ift. Du wirft gewiß erhört werden, wenn du wirklich ein recht herzliches Verlangen haft, erhört zu werden.